KB205988

바울의 거침없이 담대하게

바울의 거침없이 담대하게

첫판 1쇄 | 2014년 6월 20일
첫판 2쇄 | 2016년 8월 22일

지은이 | 이종철
편집 · 발행인 | 김은옥
펴낸곳 | 올리브북스

주소 | 경기도 부천시 신흥로 173
전화 | 032-233-2427
이메일 | olivebooks@naver.com
블로그 | blog.naver.com/olivebooks

출판등록 | 제387-2007-00012호

이 책의 저작권은 저자와 올리브북스에 있습니다.
저자와 출판사의 서면 동의 없이 내용의 일부를 인용하거나 발췌하는 것을 금합니다.

ISBN | 978-89-94035-24-6 03230

이 도서의 국립중앙도서관 출판시도서목록(CIP)은 서지정보유통지원시스템 홈페이지(http://seoji.nl.go.kr)와
국가자료공동목록시스템(http://www.nl.go.kr/kolisnet)에서 이용하실 수 있습니다.
(CIP제어번호: CIP2014016933)

■ 총판 기독교출판유통 | 031-906-9191(전화), 0505-365-9191(팩스)

바을의
거침없이
담대하게

—— 누가가 들려주는 바울 이야기 ——

이종철 지음

올리브북스
Olive Books

누구나 바울을 잘 알고 있다고 생각하지만 바울처럼 오해받고 있는 인물도 없는 것 같다. 혼란은 성서 안에 바울에 관한 두 종류의 글이 존재하고 있다는 데서 빚어진다. 바울 서신서들을 바울의 자서전이라고 부르기는 부족하지만 어찌되었든 바울이 직접 기록한 글들이 있다. 다른 하나는 본격적인 바울의 전기라 부를 수 있는 사도행전의 바울 부분이다. 사도행전의 저자 누가는 이 글을 바울 사후 30년 전후에 기록하였다. 여기에 바울과 관련된 전설들이 더해지면서 바울의 모습은 더 혼란스럽게 되었다.

　물론 바울은 큰 인물이기에 다각도로 조명될 수 있다. 우리 집 근처에 있는 관악산은 서울대 쪽에서 바라볼 때와 과천 쪽에서 바라볼 때 느낌이 다르다. 서울대 쪽에서 바라보면 '악(岳)'이라는 명칭이 들어간 산답게 험하게 보인다. 그러나 과천 쪽에서 바라본 관악산은 도시를 감싸고 있는 것마냥 포근해 보인다. 같은 관악산이지만 보기에 따라 다양한 모습이다. 예수님이 그랬다. 그래서 사방에서 바라본 4개의 복음서가 필요했을 것이다.

모든 글이 나름의 근거와 영감 가운데 나온 것이기에 이 모든 것이 합하여 바울이라는 인물을 만들어낸다고 볼 수 있을 것이다. 그러나 그 이전에 각각의 기록들의 의도와 차이를 명확히 구분할 필요가 있다. 그래야만 바울의 진면목을 제대로 재구성할 수 있다. 예수님의 경우보다 바울이 나은 것은 바울의 1차적 기록과 제삼자가 기록한 전기가 동시에 존재한다는 점이다. 둘을 비교하며 읽다보면 의외로 바울이라는 인물이 더 뚜렷하게 보인다. 이 글은 누가의 사도행전을 좇아가면서 바울 서신서와 비교하는 형식으로 바울 이야기를 풀은 것이다.

지난여름 터키, 그리스, 로마에 이르는 바울 선교지 순례를 하면서 이런 확신을 더 굳히게 되었다. 온갖 신화와 편향된 성서 해석으로부터 바울을 구하고 싶었다. 예컨대 에베소는 바울의 선교 역사에서 가장 중요한 곳이다. 바울은 가장 오랜 시간 이곳에 머물며 아시아 지역에 복음을 전하는 기지로 삼았다. 갈라디아서, 고린도전서, 빌립보서, 빌레몬서 등 주요한 서신서들이 에베소에서 기록되었다. 감옥에 투옥되어 생명의 위협을 가장 크게 느꼈던 곳도 바로 이 에베소였다. 그럼에도 불구하고 이곳에서 바울의 자취를 찾기가 어려웠다. 오히려 이후에 에베소로 왔던 사도 요한과 마리아를 기념하는 흔적들이 더 많은 형편이다. 아테네에서 행했던 아레오바고 설교도 그렇다. 그 바위 정상에 섰을 때의 감격은 지금도 생생한데, 가이드나 목회자들은 한결같이 바울의 아테네 선교를 실패한 사례로 간주한다. 그렇다면 누가는 바울의 실패를 보여 주기 위해서 무려 10절에 걸쳐서 자세히 아레오바고 설교를 풀어놓고 있다는 것인가?

본서가 목적하는 바는 바울을 제대로 이해하는 것이다. 사도행전에 기록된 바울의 선교와 그 과정에서 벌어졌던 사건들의 정체에 대해서 정확히 이해하고 싶은 사람에게도 이 책을 권하고 싶다. 필자는 신학교나 교회에서 사도행전을 강의할 때 반드시 바울 서신서와 비교하는 작업을 거쳤다. 이런 과정을 잘 소화할 수 있다면 소위 '신학'이라는 높은 산을 넘는 데 큰 도움이 될 것이다.

책 제목을 《바울의 거침없이 담대하게》라고 정하였다. '파르레시아스(담대하게)', '아콜루토스(거침없이)'는 사도행전의 마지막 절인 28장 31절을 장식하는 단어로 바울의 열정적 생애를 대변한다. 예수님은 논외로 치고 바울 없는 기독교는 상상할 수 없다. 그의 거침없고 담대한 복음 전파를 통해서 기독교는 비로소 율법 종교, 민족 종교를 벗어나 세계의 기독교로 성장할 수 있었다. 복음의 열정과 순수성을 잃어가는 이 시대에 이 책이 우리의 마음을 새롭게 하고 비전을 고취하는 데 도움이 되기를 바란다. 이것이 바울이 순교한 한참 후에 누가가 바울의 이야기를 기록하려 붓을 들었던 이유이기도 하다.

바울의 거침없이 담대하게

이 책의 일부분은 필자의 박사 논문 〈바울의 로마 항해(행 27:1~28:16) 내러티브에 관한 연구〉(한신대, 2011)의 연구 결과를 바탕으로 하고 있다. 여기에 지도와 사진을 더하고, 사도행전과 바울 서신서의 본문을 그대로 인용함으로써 독자들이 손쉽게 바울의 궤적을 좇을 수 있도록 도왔다. 어려운 여건에서도 선뜻 책 출판을 결정해 준 올리브북스의 김은옥 대표에게 감사한다.

2014년 6월

이종철

차례

01
바울은 누구인가

바울 평전을 다시 쓰다

바울을 태어나게 한 사람이 예수라면 바울을 만든 사람은 누가이다. 사도행전의 저자 누가의 손을 통해서 비로소 우리는 바울의 전기 비슷한 것을 얻게 되었다. 예수 믿기 전의 바울의 구체적인 행태들, 다메섹 도상에서 일어났던 결정적 전환, 아시아에서 출발해서 그리스와 로마에 이른 그의 선교 여행, 그 과정에서 겪었던 사건들과 고초들을 우리는 누가의 솜씨 덕분에 그림처럼 선명하게 그릴 수 있게 되었다.

바울의 생애를 재구성하는 데 있어서는 현대인들이 누가보다 좀더 유리한 위치에 있다. 그것은 바울이 직접 기록했던 바울 서신이라는 1차 자료를 가지고 있기 때문이다. 사실 사도행전은 누가의 손에서 재구성된 2차 자료에 불과하다. 현대 학자들의 분석에 의하면 누가는 바울 서신서의 일부만 가지고 있었을 가능성이 높다. 누가가 열심히 탐문하고 수집하면서 바울의 선교 현장을 쫓아다녔지만 사도행전이 저작된 AD 80-90년 어간에는 바울 서신들이 아직 본 모습을 드러내지 않고 있었다. 그래서 바울에 대한 연구는 현대 학자들에 의해서 바울의 서신들과 누가의 사도행전 간의 차이를 비교하여 누가의 편집 흔적과 신학을 규명하는 데 초점이 맞추어졌다. 그러나 이런 시도들도 결국은 누가가 그려놓은 바울에 대한 그림 위에서 전개되었을 뿐이다.

이 책 또한 누가가 그린 그림 위에 약간의 덧칠을 하려는 시도다. 때로는 누가가 흐릿하게 그려놓은 곳을 확대하고 세밀하게 하는 작업도 진행할 것이다. 바울의 생애를 재구성하는 데는 바울 자신이 직접 밝힌 글들이 최우선이다. 자신이 당했던 문제들과 자신의 생각들을 오롯이 밝혀 놓고 있기 때문이다. 그렇지만 그것도 절대적이지는 않다. 1차 자료는 오히려 주관적일 수 있기 때문이다. 1차 자료가 본인의 생각을 분명히 드러내는 장점이 있는 반면에 역사라는 것은 본인의 생각과는 달리 흘러 갈 수도 있다.

역사는 여러 사람과 사건과 환경이 어울려 만들어지는 보다 객관적 산물이기 때문이다. 그런 점에서 누가가 바라본 '바울'이 바울 자신이 바라본 '바울'보다 더 객관적일 수 있다. 우리는 일상에서도 자신의 일기장에서 드러난 '나'와 다른 사람이 바라보고 있는 '내'가

다른 것을 얼마든지 경험하고 있지 않은가. 그래서 본서는 기본적으로 누가가 사도행전에서 그린 바울의 행적을 밟아갈 것이다. 그러면서 바울 서신서에서 드러난 사건들과 바울의 생각들을 부연하고, 때로는 비교하는 방식으로 기술하려고 한다.

사실 13개의 바울 서신들도 다 1차 자료로 취급할 수 있는 것은 아니다. 현대의 바울 연구에 의하면 바울 서신서는 바울이 직접 기록한 것으로 추정되는 '진정서신'과 바울의 제자나 그 학파에 의해 기록된 '제2 바울 서신'으로 나뉜다. 바울의 진정서신은 로마서, 고린도전서, 고린도후서, 갈라디아서, 빌립보서, 데살로니가전서, 빌레몬서 등 일곱 개다. 보수적인 학자들은 바울 서신서 중 될 수 있으면 많은 것을 진정서신으로 간주하려 하지만 대체적으로 에베소서, 골로새서, 데살로니가후서, 디모데전서, 디모데후서, 디도서가 제2 바울 서신으로 분류된다. 13개의 바울 서신들이 모두 '바울'이라는 이름으로 기록되었기에 어떻게 이런 식으로 분류하는가 의아해하는 독자들도 많을 것이다. 그러나 이는 고대의 문학 기록 방식을 고려한다면 이해할 만도 하다. 고대 사회에서는 책을 출판하면서 자신의 이름이 아닌 그 분야에 권위 있는 인사나 자신들의 스승인, 예컨대 피타고라스, 히포크라테스, 소크라테스 등의 이름을 빌어 내놓는 경우가 많았다. 성서 분야에서도 유명한 사도들의 이름을 빌어 나온 문헌들도 많았는데, 최근 갑자기 유명해진 《도마복음》이나 《유다복음》 등이 그렇고, 심지어 《바울

바울의 거침없이 담대하게

행전》이나 《베드로행전》과 같은 이름의 책들도 등장했었다.

13개의 바울 서신들은 현대 학자들에 의해서 엄밀한 검증 과정을 거쳤고, 그 결과 바울의 진정서신과 비진정서신으로 구분하기에 이르렀다. 그 기준은 바울이 활동하던 50년대의 상황과 그의 신학, 그의 문체와 언어들을 기준으로 하였다. 예컨대 바울은 예수의 재림이라는 강한 종말의식을 가지고 있었다. 만약 그렇지 않고 종말 지연의 냄새를 풍긴다면 진정서신으로서 의심을 받는다. 율법이나 그리스도에 대한 이해, 교회 조직에 대한 태도 등도 그 검증 대상이었다.

본서에서는 바울의 진정서신으로 분류되는 서신서들과 사도행전을 주로 비교하였다. 그러나 그렇다고 해서 제2 서신들의 중요성을 간과해서는 안 된다. 제2 서신들 또한 바울의 흔적과 생각의 단편들을 담고 있는 훌륭한 2차 자료들이기 때문이다. 이쯤 되면 성서의 영감설을 믿고 있는 독자들의 머릿속은 혼란스럽기 마련이다. 모든 성경은 하나님의 감동으로 된 것이라 믿고 있는데 1차, 2차 자료니, 진정성, 비진정성하며 성서를 일반 역사 문서 취급하듯 대하기 때문이다. 그렇지만 성서 영감설이라고 할 때 서재에 틀어 박혀 성령의 감동에 취해 글을 쓰고 있는 어떤 서기관을 연상하지 말았으면 한다. 바울의 편지들은 오해와 모함과 이단과 분열과 폭력과 파괴의 위험이 난무하는 생생한 역사 현장에서 기록되었다. 어떤 서신에서는 사랑과 믿음과 기쁨과 감사의 언어로 가득하지만, 또 다른 서신에서는 분노와 눈물과 열정과 간곡함으로 점철된 활자들로 빼곡하다. 오죽했으면 바울의 갈라디아서를 주석하며 바클레이(William Baclay)는 "투사의 손에서 번뜩이는 검"에 비유하고, 텐니(Merrill C. Tenney)는 "그 낱말들은 단검의 날처럼 예리하고 그 사상은 전쟁터의 연기 맛이 난다"고 했겠나.

초대교회의 서신들은 이런 상황 가운데서 기록되었으며 누가의 글도 예외가 아니다. 누가는 초대교회의 선교 역사를 기록하려는 학문적 목적에서 사도행전을 쓴 것이 아니다. 바울이 선교 현장에서 당했던 핍박과, 이방인들과 임금들과 이스라엘 자손들 앞에 복음을 전하다 재판정에 끌려갔던 사건들은 누가 시대의 교회에서도 여전한 현실이었다. 이방인들 중심으로 새롭게 재편되고 있는 기독교에 흔들리지 않는 신학적 토대를 제공하고, 로마 제국을 향해 그리스도인들의 무죄함을 보여 주기 위해 누가는 붓을 들었던 것이다. 그런 점에서 누가가 본 바울은 30-60년대를 풍미했던 바울이 아니라, 한 세대가 흐른 이후 누가 시대의 교회가 바라본 바울이었다. 이는 "역사는 현재와 과거의 끊임없는 대화"라는 카(E. H. Carr)의 《역사란 무엇인가》의 고전적 명제를 언급하지 않아도 이해할 수 있는 일이다. 성령은 바울 시대에만 역사했던 것이 아니고 누가 시대에도 말씀하고 있었기에, 사도행전의 바울은 성령 안에서 새롭게 조명된 누가의 바울이었다. 이는 제2 바울 서신이라 불리는 바울의 제자들의 경우도 마찬가지였다. 그들은 신앙의 스승인 바울의 이름과 생각을 빌어 자기 시대에 새롭게 출현한 문제들과 이단들을 대항하는 무기로 썼던 것이다.

우리가 믿는 하나님은 역사의 하나님이다. 역사라는 무대를 통해서 자기와 자기의 뜻을 계시하시는 하나님이다. 오류와 무목적성과 혼돈으로 가득한 역사를 끌어안고 거기에서 길과 진리와 생명을 만들어낸다. 그런 점에서 성서는 루터가 말했던 대로 "아기 예수를 담고 있는 구유"에 비유할 수 있다. 구유에는 검불이나 더러운 때도 묻어 있다. 그러나 중요한 것은 그 안에 있는 아기 예수다. 작은 흠들 때문에 아기 예수를 버리는 일도 없어야 하겠지만, 아기 예수가 거룩하다 하여 그를 싸고 있는 강보도 거룩하고 오류가 없을 것이라고 오해해서도 안 된다.

역사는 또한 성서 안에만 있는 것이 아니라 성서 밖에도 있다. 교회의 전통과 해석이 바로 그것이다. 사도행전과 바울 서신들이 정경으로 받아들여진 것은 교회라는 역사적 기관을 통해서다. 구약 정경 39권은 AD 90년의 얌니아 회의에서 유대인들에 의하여 확정되었고, 신약 27권은 2세기에서 4세기에 이르는 교회 전통과 교회 회의들에 의하여 확정되었다. 가장 먼저는 바울 서신과 복음서가 정경으로 인정되었고, 야고보서, 베드로서 등 공동서신이 그 뒤를 이었다. 가장 마지막에 정경으로 인정된 것은 요한계시록이었다. 요한계시록을 포함한 27권의 신약 성서는 397년의 카르타고 회의에서 최종적으로 정경으로 확정되었다. 이처럼 성서의 영감론은 기록 과정뿐만 아니라 정경화 과정에서도 작용하고 있다. 하나님은 교회 전통을 통해서도 역사하셨다. 최근 마치 고대 교회에서 주류였던 것처럼 간주되곤 하는 영지주의 계열 문헌들은 이런 정경화 과정에서 탈락된 것들로 성서의 영감론에서 빗겨난 책들이라 할 것이다. 이런 모든 과정을 통해서 성서는 하나님과 하나님의 뜻을 계시하는 데 충분하고 온전한 거룩한 책이 되었다. 기독교의 가장 중요한 신학인 삼위일체론도 성서에는 명시적으로 언급되어 있지 않다. 그렇지만 교회의 공의회와 신학 논쟁 끝에 삼위일체론은 정리되고 수용되었다. 우리가 현재 믿고 있는 신앙은 성서 안과 밖의 이런 역사적 과정을 통해서 집대성된 것이다.

학문적으로 성서를 본다는 것은 이미 형성된 우리의 신앙의 이면으로 다시 되짚어가는 과정을 말한다. 현재의 모습을 갖추게 된 과정을 역으로 추적하는 것이다. 완성된 체계의 신앙을 가지고 있으면서 이런 완결성을 역사적 과정에서도 있기를 원하는 신도들의 눈에는 이런 작업이 마땅찮아 보일 것이다. 그러나 이런 역 추적 과정을 거칠 때에만 비로소 우리가 가진 신앙은 단순한 교리가 아니라 살아 있는 역사로 부활하게 될 것이다. 본서의 작업은 그 속을 파헤쳐 밑바닥까지 가려는 것은 아니다. 누가가 그린 바울의 모습을 충실히 따라갈 것이다. 그 과정에서 바울 서신에서 드러나고 있는 역사적 바울과 비교하는 것은 필수적이다. 그러할 때만이 누가가 그린 그림의 의도가 분명히 드러날 뿐만 아니라, 누가가 덧씌우거나 의도적으로 흐릿하게

바울(가운데), 디모데(왼쪽), 누가(오른쪽), 빌립보의 루디아 기념교회당 성화

그린 그림도 복원해 낼 수 있다.

바울은 누구인가?

역사적으로 바울만큼 호불호가 갈리는 인물도 없을 것 같다. 다메섹 도상에서 일어난 바울의 소명 사건은 교회 역사상 가장 드라마틱하면서도 역사를 뒤흔든 결정적 사건이었다. 아시아와 유럽의 주요 이방인 교회는 바울에 의해서 설립되었다. 유대 중심의 배타적 종교를 이방인 중심의 기독교로 세계화시킨 인물이 바로 바울이다. 바울의 신학과 투쟁을 통해서 기독교는 폐쇄적인 율법 종교에서 벗어나, 누구든 예수를 주로 시인하면 믿음으로 구원받는다는 보편적 종교로 발전

할 수 있었다.

바울이 쓴 서신들의 영향력은 지대하다. 종교개혁 이후 출범한 개신교의 교리 중에서 "교회의 존망이 달려 있는 신앙조항"이라 불릴 정도로 가장 중요한 '의인론(義認論)'은 바로 바울의 로마서와 갈라디아서를 기초로 형성이 되었다. 의인론은 행위나 율법이나 전통이 아니라 오직 믿음으로 의롭게 된다는 교리다. 로마서는 기독교 최대 신학자라 할 수 있는 어거스틴을 회심시킨 말씀이기도 하다. 방탕과 이단에 빠졌던 어거스틴은 바울이 쓴 로마서 13장 13절과 14절의 말씀, "방탕하거나 술 취하지 말며 음란하거나 호색하지 말며 다투거나 시기하지 말고 오직 주 예수 그리스도로 옷 입고 정욕을 위하여 육신의 일을 도모하지 말라"는 말씀에 완전히 깨어졌다. 어거스틴은 이때의 감격을 "돌연히 밝은 빛이 나의 가슴에 넘쳐흘렀고 의심의 그림자는 씻은 듯이 사라졌다"고 그의 《참회록》에서 고백하고 있다.

로마서 1장 17절, "복음에는 하나님의 의가 나타나서 믿음으로 믿음에 이르게 하나니 기록된 바 오직 의인은 믿음으로 말미암아 살리라 함과 같으니라"는 말씀은 종교개혁자 루터에게 복음의 확신을 가져다주었다. 이 말씀을 통해서 하나님의 순전한 자비와 은혜를 깨달았던 루터는 "나는 다시 태어나서 열린 문들을 지나 낙원으로 들어가는 듯한 느낌을 받았다"고 고백한다. 루터가 썼던 《로마서 주석》의 서문은 18세기 위대한 복음전도자이며 감리교의 창시자인 요한 웨슬리의 마음에 불을 지폈다. 그 또한 "하나님이 그리스도를 믿는 믿음을 통하여 사람들의 마음에서 일으키시는 변화를 설명해 나가고 있을 때 이상하게도 내 가슴이 뜨거워지는 것을 느끼게 되었다. 나는 구원을 위하여 오직 그리스도만을 의지하고 있었다"고 고백한다. 바울의 로마서는 20세기에도 그 위력을 발했다. 그것은 칼 바르트의 《로마서 강해》를 통해서다. 인간의 이성을 신봉하던 자유주의자들에게 하나님 말씀 앞에 무릎 꿇을 것을 선포한 칼 바르트의 로마서 주석서는 "신학자들의 놀이터에 떨어진 폭탄"에 비유될 정도였다.

교회사에 미친 바울의 영향은 이처럼 지대하지만, 큰 산은 그 골짜기도 깊듯이 바울이 교회에 미친 영향을 부정적으로 평가하는 비평들도 많다. 다음에 인용한 글들은 바울에 대한 부정적 평가가 어떠한지 짐작케 한다. "예수의 가르침을 최초로 오염시킨 자"(토마스 제퍼슨 Thomas Jefferson), "나쁜 소식 전달자"(니체 Friedrich Nietzsche), "바울이 세상에 태어나지 않았더라면 세상을 위해선 훨씬 더 좋았을 것이다"(버나드 쇼 G. Bernard Shaw), "예수는 괜찮아(yes), 하지만 바울은 절대 안 돼(never)"(루벤스타인 Richard L. Rubenstein), "제2의 기독교 창설자"(브레데 Willhelm Wrede). 게리 윌스(Garry Wills)는 이런 비평가들의 관점은 마치 "유다는 예수의 육신을 죽음에 넘겨주었지만 바울은 예수의 정신을 매장해 버렸다"는 것과 같은 태도라고 총평한다.

바울이 이처럼 공격의 대상이 된 것은 그가 기독교를 실제적으로 세우고 그 신학을 정초한 인물이기 때문이다. 나사렛 예수가 메시아로서 이 땅에 와서 하나님 나라를 선포했다면, 바울은 예수를 선포하며 교회의 탄생을 알렸다. 예수는 팔레스틴 밖을 벗어나지 않았으며 어떤 조직도 만들지 않았지만, 바울은 그레코-로만 사회의 전역을 누비며 그 핵심 도시에 교회들을 세웠다. 바울 없이는 기독교의 세계화를 말하기 힘들다. 바울이 선두에서 유대 율법주의자들과 맞서 투쟁하지 않았다면 기독교가 낡은 유대교를 탈피하여 그레코-로만 사회로 잠식해 들어가기가 쉽지 않았을 것이다. 위생적인 개념도 부족했던 시기에 이방인들에게 위험하고도 고통스러운 할례를 강요했다면 기독교는 빠르게 보급되지 않았을 것이다. 바울은 오직 예수, 오직 믿음으로 신앙교리를 단순화시켰다. 그런 점에서 바울은 제2의 기독교 창시자라는 칭찬받을 만하며, 동시에 기독교를 왜곡시킨 자로서 비난받을 만하다. 우리가 믿는 기독교는 전적으로 '예수'의 기독교가 아니라 '예수와 바울'의 기독교다. 그렇지만 그래도 여전히 예수의 기독교라고 부를 수 있는 이유가 있다면 그것은 죽으나 사나 바울이 전하고자 했던 것은 그리스도 예수였기 때문이다.

그리스도 예수의 사람, 바울

바울 서신들을 읽으며 느끼는 독특한 점은 역사적 예수의 말씀이나 역사적 예수와 관련된 사건에 대한 언급이 그리 많지 않다는 것이다. 그의 서신서에서 직접적으로 예수의 말씀이라고 언급하는 곳은 네 곳에 불과하다(고전 7:10-11, 9:14, 11:23, 살전 4:15). 이는 사도행전에서도 마찬가지인데 바울을 통하여 듣게 되는 예수의 교훈적인 말씀은 그가 밀레도 설교 중에 행한 "주 예수께서 친히 말씀하신 바 주는 것이 받는 것보다 복이 있다 하심을 기억하여야 할지니라"(행 20:35)가 유일하다. 바울의 글에는 복음서에서 흔히 볼 수 있는 예수의 비유나 하나님 나라에 대한 교훈이나 산상수훈이나 주기도도 나타나지 않고, 예수의 기적이나 예수의 대적자들과 그들과 벌인 논쟁에 대한 언급도 없다. 이는 일반적으로 한 종교의 창시자들의 행적과 그 교훈에 대한 제자들의 해석을 중심으로 이루어지는 일반 종교나 철학의 양태와는 다르다.

대신 바울은 예수의 하나님과 주되심, 십자가와 대속, 부활과 재림에 초점을 맞추며 그의 서신서에는 이런 그리스도 예수로 도배되어 있다시피 하다. 바울이 집중했던 것은 그리스도의 말씀이 아니라 그리스도 인격 자체였다. 역사적 예수가 임박한 하나님 나라에 대해서 말씀했다면, 바울은 그리스도 예수가 곧 하나님 나라이며, 그리스도를 통해서만 그 나라에 들어갈 수 있다고 역설했다. "비록 우리가 그리스도도 육신을 따라 알았으나 이제부터는 그같이 알지 아니하노라"(고후 5:16)는 말씀처럼 바울은 지상의 예수보다는 십자가와 부활을 통해서 구원을 이루신 천상의 그리스도에 더 주목한다. 사실 바울은 예수를 그의 공생애 기간 동안 만난 적이 없다. 예수와 관련된 말씀들은 아마 교회의 전승이나 다른 사도들의 가르침을 통해서 받았을 것이다. 그러나 그렇다고 하여 그것이 그리스도를 아는 데 장애가 되거나 사도로서의 권위가 삭감되는 것은 아니었다. 바울은 부활하신 그리스도를 눈으로 보았고, 그리스도로부터 사도로 임명받았으며, 또 그리스도 사역의 핵심이 십자가와 부활과 주되심과 다시 오심에 있음을 명확히 파악했기 때문이다.

바울이 자주 사용했던 용어 중에 '그리스도 안에서' 라는 말이 있다. 공관복음서의 '하나님 나라' 와 요한복음의 '영생' 이라는 용어를 대치하고 있는 것이 바로 이 '그리스도 안에서', '주 안에서' 라는 표현이다. '그리스도 안에서' 는 이 땅에서 그리스도를 믿는 자들에게 이루어지는 새로운 실존을 가리키는 의미로 사용되고 있다. "그런즉 누구든지 그리스도 안에 있으면 새로운 피조물이라 이전 것은 지나갔으니 보라 새 것이 되었도다"(고후 5:17). 믿는 자들에게 놀라운 개벽 사건이 일어난다. 그리스도 안에 있는 자들은 육신을 입고 있지만 더 이상 이 세상의 썩어짐의 종노릇하는 자들이 아니다. 그들은 성령에 속한 자들이요 하나님의 아들들이다. 바울의 이런 경향에 대해 슈바이처(A. Schweitzer)는 '구원 신비주의' 라고 규정할 정도였다.

바울은 그리스도로 충분했고 그리스도 예수가 그의 모든 것이 되었다. 빌립보서에는 이 그리스도를 알고 얻기 위해서 자기가 자랑하던 모든 것을 버리고 배설물처럼 여겼다고 한다. "그러나 무엇이든지 내게 유익하던 것을 내가 그리스도를 위하여 다 해로 여길뿐더러 또한 모든 것을 해로 여김은 내 주 그리스도 예수를 아는 지식이 가장 고상하기 때문이라 내가 그를 위하여 모든 것을 잃어버리고 배설물로 여김은 그리스도를 얻고 그 안에서 발견되려 함이니"(빌 3:7-9). 바울은 심지어 자신의 죽음을 선포하며 생명의 근원도, 자신이 사는 이유도 그리스도에게 있다고 선언한다. "내가 그리스도와 함께 십자가에 못 박혔나니 그런즉 이제는 내가 산 것이 아니요 오직 내 안에 그리스도께서 사신 것이라 이제 내가 육체 가운데 사는 것은 나를 사랑하사 나를 위하여 자기 몸을 버리신 하나님의 아들을 믿는 믿음 안에서 사는 것이라"(갈 2:20). 그래서 바울은 그리스도를 위하여 자기 목숨을 버리는 것도 아깝지 않게 생각했다. "내가 달려갈 길과 주 예수께 받은 사명 곧 하나님의 은혜의 복음을 증언하는 일을 마치려 함에는 나의 생명조차 조금도 귀한 것으로 여기지 아니하노라"(행 20:24).

유대인의 메시아요 위대한 교사요 나사렛 사람이었던 예수를 세계의 주님이요 하나님이요 구원자인 그리스도로 높이는 데 가장 큰 공을 세웠던 사람이 바로 바울이다.

열정의 사람, 바울

바울의 성격을 특징짓는 단어는 열정이다. 영어 단어 중에 'enthusiasm'이란 단어가 있다. '열정'이라는 뜻이다. 이 단어의 어원은 헬라어에서 왔다. '~안에'라는 뜻의 'en'과 '신'이라는 뜻의 'theos'의 합성어다. 신을 그 안에 모신 자는 열광하게 되어 있고 그 상태가 그대로 현대어 '열정'에 담겼다. 바울은 이런 열정의 사람이었다. 바울은 예수로부터 소명을 받기 전부터 이미 자신을 열정의 사람으로 표현한 바 있다. "내가 내 동족 중 여러 연갑자보다 유대교를 지나치게 믿어 내 조상의 전통에 대하여 더욱 열심이 있었으나"(갈 1:14), "열심으로는 교회를 박해하고 율법의 의로는 흠이 없는 자라"(빌 3:6). 바울이 교회를 박해한 이유는 그의 열심 때문이었다. 새로 출범하고 있는 그리스도교가 자신이 하나님의 뜻이라 생각했던 유대 율법에 심히 어긋난 세력이라 생각했기 때문이다. 바울은 스데반을 죽이는 현장에 있었고, 돌을 던지기 위해서 옷을 벗어 붙이던 과격 세력들의 옷을 지켰던 사람이었다(행 7:58, 22:20). 교회를 핍박하는 데 바울은 매우 적극적이었다. 대제사장들에게서 권한을 받아서 많은 성도를 옥에 가두는 데 앞장섰으며, 성도들을 죽일 때 찬성에 투표를 했다고 전한다. 성도들로 하여금 재판 석상에서 모독하는 말, 아마도 이 말은 예수를 부인하거나 저주하게 했던 말일 것인데, 그런 말을 하도록 강제했다고 한다(행 26:10-11). 바울의 박해는 예루살렘을 벗어나 그로부터 230킬로미터 떨어진 다메섹까지 이어졌다. 그곳에 있는 성도들을 붙잡아서 예루살렘으로 끌고 오려다 극적으로 예수를 만났다. 이 모두가 율법에 대한 열심 때문에 벌인 일이었다.

바울의 열심은 예수를 만난 이후에는 예수에 대한 열심으로 바뀌었다. 다메섹 이전이나 이후나 변함이 없는 것은 하나님을 향한 그의 열심이었다. 이전에는 율법에 대한 열심을 하나님을 향한 열심이라 생각했던 것이고, 다메섹 사건 이후에는 예수를 향한 열심이 진정으로 하나님을 섬기는 열심임을 깨닫게 된 것이다. 복음 전파의 열정에 사로잡혔던 바울은 사도행전을 근거로 산출해 보았을 때 근 1만 마일(대략 16,000킬로미터)을 걷거나 배로 여행한 셈이다. 살든지 죽든지 그리스도를 존귀하게 하는 데만 전념했던 바울의 열정은 그의 고난을 기록한 역경 목록이 잘 대변해 주고 있다.

"내가 수고를 넘치도록 하고 옥에 갇히기도 더 많이 하고 매도 수없이 맞고 여러 번 죽을 뻔하였으니 유대인들에게 사십에서 하나 감한 매를 다섯 번 맞았으며 세 번 태장으로 맞고 한 번 돌로 맞고 세 번 파선하고 일 주야를 깊은 바다에서 지냈으며 여러 번 여행하면서 강의 위험과 강도의 위험과 동족의 위험과 이방인의 위험과 시내의 위험과 광야의 위험과 바다의 위험과 거짓 형제 중의 위험을 당하고 또 수고하며 애쓰고 여러 번 자지 못하고 주리며 목마르고 여러 번 굶고

춥고 헐벗었노라"(고후 11:23-27).

고린도후서가 바울의 3차 선교 여행 때 마게도냐에서 기록되었다는 것을 고려한다면 그 이후 예루살렘에서 당한 위험과 2년의 재판, 로마로 가는 여행 중 경험한 난파, 로마에서 당한 감금과 순교 등 더 심한 고난들은 아직 언급되지도 않았다. 이처럼 하나님을 향한 바울의 불같은 열정이 그레코-로만 사회에 교회가 굳건히 뿌리를 내리는 데 결정적 역할을 했던 것이다. 이런 열정들이 그의 편지들에 고스란히 녹아 있기에 로마서를 비롯한 바울 서신서를 읽는 우리들의 마음을 여전히 뜨겁게 만든다.

바울의 신학과 사상은 바울의 선교 과정을 따라가며 언급될 것이다. 여기서는 바울의 특징적인 외양만 설명하고 지나가려 한다. 사진기도 없고 따로 초상화도 제작하지 않았던 바울의 외양에 대해서 알기는 힘들다. 그러나 고린도 교회에서 바울을 비방했던 자들이 "그의 편지들은 무게가 있고 힘이 있으나 그가 몸으로 대할 때는 약하고 그 말도 시원하지 않다"(고후 10:10)는 평가와 "내가 비록 말에는 부족하나 지식에는 그렇지 아니하니"(고후 11:6) 하는 바울 자신의 인정을 통해서 볼 때 바울은 모세처럼 달변의 선교사는 아니었던 것 같다. 그의 외모도 사람들에게 인상적이지 않았고 자주 병을 앓았던 것 같다. 갈라디아에 복음을 전할 때 바울은 몸이 아픈 상태에서 전했고(갈 4:13-14), 고린도 교회에 보낸 편지에서는 자신의 약함을 오히려 자랑한다

바울의 거침없이 담대하게

고까지 했다(고후 12:7-10). 구원의 복음을 전하는 자가 정작 자신의 몸은 허약한 상태에서 전했다는 것은 이율배반처럼 보였을 것이다.

이런 점에서 바울이 흠모할 만한 외모를 지니지 않았던 것은 사실인 것 같다. 2세기 중엽에 기록된 것으로 추정되는 《바울과 테클라 행전》이라는 위경에서는 바울의 모습을 이렇게 묘사하고 있다. "머리가 벗겨지고 다리가 굽은 작은 키, 눈썹이 서로 만나고 코는 약간 매부리이고 좋은 사람 인상이 물씬 풍기는 건강한 몸을 한 바울." 실제 사실인지 어떤지 평가하기 어렵지만 일견 소크라테스를 연상시키지만 그보다는 소박한 모습으로 그려지고 있다. 한 시대를 뒤흔든 것은 그의 외모나 말이 아니었다. 주님을 사랑하는 그의 열정이 로마 제국을 삼켰던 것이다.

02
다메섹 도상에서 도대체
무슨 일이 일어났었나

다메섹 이전의 바울

바울의 고향은 다소이다(행 21:39, 22:3). 다소는 길리기아 지방의 수
도로 번화한 헬레니즘적 도시였다. 이곳은 헬라 교육의 중심지로도
유명했는데 그리스의 지리학자 스트라보(Strabo)는 때때로 이곳을 아
테네로 부르는 것을 주저하지 않았다. 성 제롬이 전하는 후대 전승에
의하면 바울의 부모는 갈릴리의 기스칼리스에서 전쟁 포로로 다소로
끌려왔다고 한다. 바울의 아버지는 디아스포라 유대인으로 로마에 어
떤 공로를 세웠거나, 노예 신분에서 해방되면서 로마 시민권을 얻었
을 것이다. 바울은 아버지 덕분으로 자연스럽게 로마 시민권을 획득
했을 것으로 본다(행 16:37, 22:28). 바울이라는 이름은 로마식 이름이

고, 사도행전에서만 밝히고 있는 사울은 히브리식 이름이다. 바울은 정통 베냐민 지파 출신답게 사울 왕을 연상시키는 이름을 가졌다. 바울이라는 이름은 원래 그의 가문의 이름이었는데 이제는 기독교의 한 위대한 선교사를 지칭하는 유일한 이름이 되었다.

바울은 서신서에서 자신의 고향이나 출신에 대해서는 직접적으로 언급하지 않는다. 다만 "나는 팔일 만에 할례를 받고 이스라엘 족속이요 베냐민 지파요 히브리인 중의 히브리인이요 율법으로는 바리새인이요"(빌 3:5)라고 전할 뿐이다. 바리새인 바울의 정체는 누가에 의해서 구체적으로 밝혀졌는데 바리새파 율법 교사인 가말리엘 문하에서 율법의 엄한 교훈을 받았다(행 22:3)고 전한다. 아마 바울은 어린 시절부터 예루살렘으로 유학 와서 율법 교육을 받았을 가능성이 높다. 바울 스스로 "길리기아 다소에서 났고 이 성(예루살렘)에서 자랐다"(행 22:3)고 밝히고 있다. 바울은 바리새적인 훈련을 받았기에 율법에 정통했고 율법에 열심이 있었다.

다메섹 도상에서

율법에 열심이고 교회를 박해했던 바울을 한순간에 바꾸었던 것은 예수와의 만남이다. 바울은 그리스도인들을 체포하고 심문하기 위해서 예루살렘에서 멀리 떨어진 다메섹을 향해 가고 있었다. 한참 햇볕이 뜨거운 정오쯤 되어, 다메섹 가까이 이르러 길을 재촉하고 있었을 때, 갑자기 빛이 하늘로부터 임하여 바울 일행을 둘러 비추었다. 그 강한 빛에 바울은 아마 말에서 떨어지며 엎드려졌을 것이다. 이어서 "사울 아 사울아 네가 어찌하여 나를 박해하느냐"(행 9:4)는 예수의 소리를 듣게 된다. 바울이 보았던 엄청난 빛은 예수였다. 일행은 형체 없는 빛만 보았고, 바울은 그 안에서 빛나고 있는 예수를 뚜렷이 보았을 것이다. 아마 그 소리도 바울만 뚜렷이 들었지 일행들은 불명확하게 웅웅 하는 소리만 들었을 것이다. 이것이 "하늘로부터 해보다 더 밝은 빛이 나와 내 동행들을 둘러 비추는지라"(행 26:13), "나와 함께 있는 사람들이 빛은 보면서도 나에게 말씀하시는 이의 소리는 듣지 못하더라"(행 22:9), "같이 가던 사람들은 소리만 듣고 아무도 보지 못하여 말을 못하고 서 있더라"(행 9:7)며 서로 모순된 듯이 흩어져 있는 바울의 다메섹 체험을 종합한 그림이다.

해보다 더 밝은 빛에 눈이 먼 바울은 사람들의 손에 이끌려 다메섹으로 들어간다. 그곳에서 바울은 사흘을 금식하며 자기에게 일어났던 계시의 의미와 하나님의 뜻에 대해서 묵상하는 시간을 갖는다. 이때 아나니아라는 제자가 주의 지시를 받고 바울을 방문하여 머리에 안수하자 그의 눈에 있던 비늘 같은 것이 떨어졌고 바울은 그 자리에서 세례를 받았다. 그런데 좀 이상한 것은 예수가 바울을 부른 이유를 바울에게 직접 설명하지 않고 아나니아의 입을 통해서 간접적으로 설명한

바울의 거침없이 담대하게

다는 점이다. 바울은 "내 이름을 이방인과 임금들과 이스라엘 자손들에게 전하기 위하여 택한 나의 그릇"(행 9:15)이며 예수의 이름을 위하여 수많은 고난을 당하게 될 것이라는 예언적 말씀이었다. 물론 사도행전 26장의 아그립바 왕 앞에서 심문받을 때 바울은 다메섹 도상에서 자신을 부른 이유를 예수의 입으로 직접적으로 설명을 들었던 것처럼 말하기도 한다(행 26:14-18). 누가는 바울이 아나니아의 입을 통해서 자신의 소명을 듣게 함으로써 두 가지 효과를 거두고 있다. 하나는 바울을 교회의 질서와 공동체의 지도에 따르는 인물로 묘사하여 겸손하게 만들고 있다. 다른 하나는 바울이 경험한 사건과 부르심이 주관적 체험이 아니라 객관적 사건이며 명확한 하나님의 뜻이었음을 분명히 한다.

회심이냐, 소명이냐

바울의 다메섹 체험은 흔히 바울의 '회심 사건'으로 불린다. 그러나 회심이라고 할 때는 돌아온 탕자의 비유에 나오는 둘째 아들의 경우나 어거스틴의 회심처럼 도덕적으로 방탕한 삶을 살다 돌아오는 경우를 말한다. 우리나라 말에서 회심이나 회개는 "과거의 세속적 생활을 청산하고 경건한 신앙생활로 마음을 돌리는 행위"를 뜻한다. 이런 의미의 회심이라면 바울에게는 타당하지 않다. 바울은 다메섹 체험 전에 오히려 도덕적으로 완벽했던 사람이다. 스스로 "율법의 의로는 흠이 없는 자"(빌 3:6)였다고 고백할 정도다. 바울은 율법을 지키지 못해 고뇌하던 영혼이 아니었다. 오히려 율법에 대해서 지나칠 정도로 확신을 가지고 있었던 사람이었다. 바울이 스스로를 죄인 중 괴수(딤전 1:15)라고 고백하는 이유는 교회를 박해했던 전력 때문이다.

그런 점에서 본다면 다메섹 체험을 '바울의 전향'이라고 부르는 것이 더 타당할 것이다. 전향은 "새로운 이념이나 종교로 돌아서는 것"을 말한다. 바울은 다메섹 사건을 계기로 그리스도 박해자에서 그리스도 전파자로, 율법의 수호자에서 율법의 포기자로 전향했기 때문이다. 바울의 변화가 도덕적 회심이었다면 상당 기간 자숙의 과정이 필요했을 것이다. 그러나 그의 변화는 사상적 전향과 같은 성격이었기에 전향한 즉시로 다메섹에 사는 유대인들에게 예수를 전파했다(행 9:20). 예수를 만나기 전까지 바울은 예수가 거짓 메시아요, 그리스도인들은 사이비 유대인들이며, 하나님의 뜻이 집결된 율법의 근간을 흔드는 세력으로 보아서 박해했다. 그런데 다메섹에서 만난 예수가 자기 삶과 사상의 근간을 뿌리째 흔들어 버렸다. 부활한 예수를 체험함으로써 바울은 이전의 자신의 생각들이 잘못된 것임을 깨달았다. 예수는 하나님의 메시아이며, 메시아가 도래한 이상 이미 하나님의 구원의 시대는 시작이 되었다. 그 구원은 더이상 율법을 매개로 한 것이 아니라 오직 예수를 주로 시인하는 믿음을 통해서 가능하다. 이제

바울의 거침없이 담대하게

미켈란젤로의 〈바울의 회심〉, 1542-45년 작, 프레스코화

는 은혜의 시대로 그 문호가 유대인이라는 민족적 경계를 넘어 모든 이방인에게 개방되었고, 자신은 이방인에게 복음을 전파하는 사명으로 부르심받았음을 깨달았던 것이다.

그러므로 다메섹 사건은 또한 바울의 소명 사건이라 부를 수 있다. 전향이 한 개인의 주체적 측면에서 본 것이라면, 소명은 하나님과 인간의 관계성 속에서 보는 행위다. 사도행전에는 바울의 다메섹 사건에 대한 세 번의 보도가 있다(행 9:1-19, 22:4-16, 26:9-18). 이 보도들은 모두 바울은 도무지 하나님의 은혜를 받을 자격도 상황도 아니었음을 보여 준다. 교회를 박해하는 데 여념이 없었던 바울을 강제로 돌이켰던 분은 예수였다. 예수는 자기 의에 사로잡혀 폭력적이던 인물을 거꾸러뜨리고 이방인을 위한 사도로, 이제는 고난을 스스로 달게 받는 존재로 삼으셨다. 세 보도의 핵심은 예수께서 바울을 복음의 증거자로 부르셨다는 데 그 초점이 맞추어진다.

"이 사람은 내 이름을 이방인과 임금들과 이스라엘 자손들에게 전하기 위하여 택한 나의 그릇이라 그가 내 이름을 위하여 얼마나 고난을 받아야 할 것을 내가 그에게 보이리라"(행 9:15-16), "네가 그를 위하여 모든 사람 앞에서 네가 보고 들은 것에 증인이 되리라"(행 22:15), "일어나 너의 발로 서라 내가 네게 나타난 것은 곧 네가 나를 본 일과 장차 내가 네게 나타날 일에 너로 종과 증인을 삼으려 함이니"(행 26:16).

바울은 구약의 선지자들이 강력한 신 현현의 체험을 통해서 부르심을 받고 하나님 말씀을 외쳤던 것처럼, 다메섹에서 경험한 예수 체험을 그와 동일한 의미로 받아들였다. 이사야나 예레미야나 에스겔, 아모스 등 수많은 선지자들이 하나님의 부르심을 받았듯이 바울은 부활한 예수로부터 친히 부르심을 받았던 것이다.

바울의 거침없이 담대하게

부활의 예수를 만나다

다메섹 체험은 누가가 발굴해서 우리에게 알려주었다. 신약에 등장하는 어떤 인물도 바울처럼 드라마틱하게 부르심을 받은 사람은 없다. 누가의 이런 생생한 보도가 없었다면 우리는 바울의 생애에서 전환점에 해당하는 가장 중요한 사건을 놓치고 말았을 것이다. 바울은 많은 서신을 썼지만 자신의 서신서에서는 예수를 만난 사건에 대해서 매우 빈약하게 전해 주고 있을 뿐이다. 바울은 단지 '예수를 보았다' 정도만 알려주지 언제 어떻게 어떤 상황에서 만났는지 전혀 알려주지 않는다. 현대 부흥사들이라면 자랑스럽게 떠벌였을 사건을 그는 너무나도 조심스럽게 언급하고 있다. 이는 자신의 능력이나 신비적인 체험을 설명하려 할 때도 마찬가지다. 바울은 단지 "사도의 표가 된 것은 내가 너희 가운데서 모든 참음과 표적과 기사와 능력을 행한 것이라"(고후 12:12) 하거나, "우리 복음이 너희에게 말로만 이른 것이 아니라 오직 능력과 성령과 큰 확신으로 된 것임이라"(살전 1:5) 하며 구체적인 설명을 하지 않는다. 사도행전이 없었다면 바울이 귀신을 내어 쫓고 앉은뱅이를 일으키고 죽은 자를 살리는 엄청난 기적과 능력을 행했다는 사실을 전혀 눈치 채지 못했을 정도다.

바울이 자신의 신비적 능력을 직접 언급했던 단 하나의 장면이 있다. 고린도 교인들이 자신의 사도권을 의심하자 자신의 능력을 증명하기 위해서였다. 그는 지금으로부터 14년 전에 황홀경 상태에서 셋째 하늘까지 올라갔다고 하며, 그 낙원에서 말로 표현할 수 없는 말들을 들었다고 고백한다. 그러면서도 감추려는 듯이 "그가 몸 안에 있었는지 몸 밖에 있었는지", "내가 이런 사람을 안다" 하며 마치 다른 제삼자의 체험을 언급하듯이 말한다. 바울은 능력의 사도이지만 자신을 드러내는 데는 매우 겸손하고 절제하고 있다. 바울의 입에서 그의 능력에 대해 직접 듣지 못하는 현대 독자들은 답답할 수밖에 없다.

바울이 서신서에서 예수를 만났다고 밝히는 구절들을 추적해 보자. 먼저는 갈라디아서다. 갈라디아서 1장 16절에서 "그의 아들을 이방에 전하기 위하여 그를 내 속에 나타내시기를 기뻐하셨을 때에"라고 전한다. 여기서 '내 속에'는 '내 마음 속에'라는 뜻이 아니다. '나에게'라는 뜻이 옳다. '그리스도께서 자신을 내게 보여 주셨다'는 뜻으로 바울은 자신이 전하는 복음이 사람이 아니라 그리스도에게서 직접 받은 것임을 논증하기 위해 여기에서 다메섹의 예수 현현 사건을 언급하는 것이다. 예수의 부름의 이유가 이방에 복음을 전하기 위한 것이었음은 사도행전의 보도와 일치한다.

고린도전서 9장 1절에서는 "내가 자유인이 아니냐 사도가 아니냐 예수 우리 주를 보지 못하였느냐" 하며 예수를 어떤 신비 체험이나 환상이 아니라 직접 눈으로 보았음을 주장한다. 바울은 공생애 기간 동안 예수를 보지 못했다. 바울이 다메섹 체험을 한 것은 예수의 십자가와 부활 사건 이후 2, 3년이 지난 AD 32, 33년으로 추정된다. 다메섹에서 만난 예수는 누구인가? 바울은 그 예수가 부활의 예수였다고 말한다. 고린도전서 15장, 부활장에 나타난 바울의 증언이다.

"(그리스도께서) 장사 지낸 바 되셨다가 성경대로 사흘 만에 다시 살아나사 게바에게 보이시고 후에 열두 제자에게와 그 후에 오백여 형제에게 일시에 보이셨나니 그 중에 지금까지 대다수는 살아 있고 어떤 사람은 잠들었으며 그 후에 야고보에게 보이셨으며 그 후에 모든 사도에게와 맨 나중에 만삭되지 못하여 난 자 같은 내게도 보이셨느니라"(고전 15:4-8).

바울이 내게도 보이셨다고 말할 때 이것은 바로 다메섹에서 일어난 사건일 가능성이 높다. 바울은 열두 사도의 부활 체험을 자신의 다메섹 체험과 같은 연장선상에서 보고 있다. 다메섹 체험은 바울에게 있어서 이처럼 단순한 환상 체험이 아니라 부활의 예수에 대한 객관적 체험이요 부르심이었다. 바울은 자신이 사도된 근거 중 하나로 바로 이 예수와의 만남을 들고 있다.

다메섹 사건을 세 번 반복한 누가의 필력

사도행전에서 바울의 다메섹 체험은 세 번 언급된다. 첫번째는 바울이 다메섹 도상에서 예수의 부르심을 받는 장면이고, 나머지 둘은 각

각 예루살렘과 가이사랴 재판 과정에서 로마군의 영문 층대 위에서와 아그립바 왕 앞에서 행한 연설에서다. 누가가 다메섹 사건을 세 번 반복한다는 것은 이 사건이 그만큼 중요하다는 뜻이다. 누가는 이런 반복 기법을 주로 사용한다. 대표적으로 유대인에서 이방인 선교로 전환되는 당위성을 세 번 반복하는 데서도 알 수 있다(행 13:46-47, 18:5-6, 28:24-28). 누가가 속해 있었던 공동체는 이방인 중심의 교회로 이 공동체를 세웠던 인물은 바로 바울 사도다. 바울을 통한 이방인 교회의 탄생은 우발적으로 일어난 일이거나 바울의 개인적 각성에 의한 것이 아니다. 바로 예수 그리스도의 부르심과 계획에 의해서 일어났다. 반복된 세 사건의 핵심은 예수의 강권적 의지로 바울 사도를 이방인 선교를 위한 증인으로 세웠다는 데 있다. 누가는 이런 식으로 이방인 교회의 정당성을 확보하고 있다.

그렇지만 누가는 다메섹 사건을 지루하게 그대로 반복하지만은 않는다. 새롭게 내용을 구성하기도 하고 새로운 정보를 제시하기도 한다. 바울의 간증은 부흥사들이 집회의 분위기나 환경에 따라 간증의 내용이 조금씩 달라지는 것과 유사하다. 22장의 바울의 연설은 이방인을 성전에 들여 성전을 모독했다는 오해로 체포당한 바울이 자신의 행동을 변명하기 위해서 행해졌다. 그래서 바울은 무엇보다 자신이 율법교사 가말리엘의 문하에 있었고 교회를 박해했던 사람임을 들어 율법에 충실하였음을 보여 준다. 아나니아를 소개하면서도 그를 "율

바울의 거침없이 담대하게

법에 따라 경건한 사람으로 거기 사는 모든 유대인들에게 칭찬을 듣는 아나니아"(행 22:12)로 설명한다. 바울은 또한 이어서 성전에서 황홀경 중에 예수를 만난 사건을 언급함으로써(행 22:17-21) 성전을 모독한 사람이 아니라 성전을 하나님 계시의 장소로 높이고 있다.

26장의 연설에서는 중개자로서 아나니아가 등장하지 않는다. 굳이 아나니아를 언급할 필요가 없기 때문이다. 여기에서는 무엇보다 하나님의 뜻을 드러내는 것이 중요했기에 천상적 계시가 직접 바울에게 전해지는 식으로 서술한다. 예수는 직접 바울을 이방인 선교자로 세운다(행 26:15-17). 심지어 예수가 "가시채를 뒷발질하기가 네게 고생이니라"(행 26:14)는 말까지 직접했다고 전한다. 이는 뒷발질로 가시채를 차면 자기 발만 아프듯이 사람이 운명과 싸우는 것은 이롭지 못하다는 뜻이다. 바울은 다메섹 사건을 하늘의 뜻이며 자기가 그것을 거스를 수 없음을 아그립바 왕 앞에서 설득력 있게 설명한 것이다.

이 장면들에서 돋보이는 것은 무엇보다 누가의 필력이다. 누가는 역사적 사실을 그대로 전달하거나, 전승이나 계시 사건 앞에 수동적으로 자신의 손만 빌려주는 도구자의 역할은 사양한다. 그는 자유정신과 문학적 능력을 가지고 주어진 재료를 상황에 맞춰 요리할 줄 안다. 지루하게 반복하기보다는 생략 또는 축약하거나 새로운 정보를 끼워 넣기도 하고, 때로는 서로 상반된 듯한 사실을 아무 문제없다는 듯이 나열한다.

첫번째 다메섹 사건에서는 "같이 가던 사람들은 소리만 듣고 아무도 보지 못하여 말을 못하고 서 있더라"(행 9:7)고 했는데, 두번째 간증에서는 "나와 함께 있는 사람들이 빛은 보면서도 나에게 말씀하시는 이의 소리는 듣지 못하더라"(행 22:9)고 서술한다. 첫번째 서술에서는 일행들이 그대로 "서 있는"(행 9:7) 것으로 묘사하는 반면에 세번째 서술에서는 "우리가 다 땅에 엎드러지매"(행 26:14)라고 묘사한다. 과학적 엄밀성으로 무장한 현대인들에게는 불만스럽겠지만 누가는 이런 상반된 듯한 서술에 전혀 아랑곳하지 않는다.

2장을 시작하며 이 모순된 듯한 서술을 조화시키는 나름의 설명을 제시한 바 있지만 정작 누가는 사소한 것에서 일관성을 기하기보다는 사건의 핵심을 전달하는 데 더 관심이 있다. 다양한 방식으로 자신이 전달하는 사건이 객관적인 사실이었음을 주장하며, 또한 그 상황에 맞추어 문학적 솜씨를 발휘함으로써 독자들의 흥미를 고취시킨다. 무엇보다 재판 과정들과 로마 항해와 난파 과정에서는 누가의 문학적 능력이 더욱 빛나고 있다. 오죽했으면 퍼보(R. I. Pervo)와 같은 현대 학자가 사도행전은 체포, 박해, 음모, 군중과 폭동, 재판, 난파 등 모험과 에피소드로 가득한 고대 소설 장르에 해당한다고 주장했겠는가? 사도행전은 분명 초대교회의 선교 과정을 서술한 역사다. 그러나 누가의 글은 딱딱하고 무미건조하며 지루한 역사책이 아니라 생생하면서도 흥미 가득한, 문학적 능력이 탁월한 역사책이다.

바울의 거침없이 담대하게

03
드디어 이방인 선교가 시작되다

다메섹 선교

바울은 AD 32, 3년경 다메섹 도상에서 예수를 만났다. 최초의 이방인 교회가 형성된 안디옥에서 바울이 사역을 시작했던 시점은 AD 45년경 정도로 추정한다. 그러면 그 사이 약 13년 동안 바울은 어떻게 지냈을까?

사도행전에 의하면 바울은 다메섹에서 예수를 만난 직후 바로 선교에 돌입한다. 바울은 다메섹에 있는 회당에 들어가 예수가 하나님의 아들임을 전했다. 기독교를 핍박하던 자가 오히려 예수를 전파하는 모습을 보고 사람들은 놀랐고, 유대인들은 당혹함을 감추지 못하고 바울을 죽이려고 공모하였다. 이 계획이 바울에게 알려졌고 유대인들이 성문을 지키자 다메섹 교회의 제자들은 밤중에 몰래 바울을 광주리에 담아 성벽에서 달아내려 탈출시켰다.

이런 설명은 바울의 서신서와 부분적으로 일치한다. 갈라디아서에서는 이렇게 전한다. "(예수를 만난 후) 아라비아로 갔다가 다시 다메섹으로 돌아갔노라 그 후 삼 년 만에 내가 게바를 방문하려고 예루살렘에 올라가서"(갈 1:17-18). 아라비아로 갔다는 말에서 대부분의 사람들은 아라비아 사막을 연상한다. 아마 바울은 3년 동안 사막에서 고독한 수도적 과정을 거쳤을 것이라는 해석이다. 이것은 고대 교회의 수도사적인 바울상이 투영된 해석일 뿐이다. 세계의 종말과 그리스도의 재림을 기다리고 있는 자가 이처럼 한가롭게 명상에 빠져 있을 이유가 없다. 바울이 아라비아로 간 이유는 선교하기 위해서였다. 여기서 말하는 아라비아는 다메섹 동남방으로 요단 동쪽편의 이방인 지역을 말한다. 페트라, 거라사, 필라델비아(오늘의 암만) 같은 헬레니즘적 도시가 여기에 속한다. 이쪽 지역에 대한 상세한 선교 보도가 없는 것으로 보아 그리 성공적인 선교는 아니었던 듯싶다.

이때는 아라비아 나바테 왕, 아레다 4세가 다스리던 시기로 바울의 선교는 아마도 유대인들의 반발을 일으켜 이 왕국을 소란스럽게 했을 것이다. 결국 다메섹에 있는 바울을 체포하려는 움직임이 있었고 급기야 바울은 광주리를 타고 그 성을 탈출해야 했다. 당시 상황을 바울은 고린도후서에서 이렇게 전한다. "다메섹에서 아레다 왕의 고관이 나를 잡으려고 다메섹 성을 지켰으나 나는 광주리를 타고 들창문으로 성벽을 내려가 그 손에서 벗어났노라"(고후 11:32-33).

첫번째 예루살렘 방문

바울의 첫번째 예루살렘 방문은 이 직후에 이루어졌다. 바울은 다메섹 체험 후 3년 만에 처음으로 예루살렘에 올라갔다고 전한다(갈 1:17). 바울이 예루살렘을 방문했을 때의 모습은 그리 호의적이 아니었다고 누가는 전한다. 바울이 예루살렘의 제자들을 사귀고자 하였으나 다 두려워하여 그의 제자 됨을 믿지 못했다고 한다. 이를 중재했던 사람이 바로 바나바다.

바나바는 구브로 출신으로 재산을 팔아 교회에 헌납했으며(행 4:36-37), 안디옥에 교회가 세워졌을 때 예루살렘 교회의 대표자로 파송되었던 매우 신임받던 인물이었다. 바나바는 사도들을 찾아다니며 바울이 어떻게 예수를 만나게 되었으며 그 후 어떻게 전도를 했는지 일일이 설명했다. 예루살렘에서도 바울을 죽이려는 음모가 있자 예루살렘 교회는 바울을 고향인 다소로 보낸다. 바나바는 이후에 다소에 머물던 바울을 안디옥 교회로 불러들였고 함께 1차 선교를 나갔다. 바나바는 바울 생애에서 없어서는 안 될 매우 중요한 인물이다.

그러나 바울 서신서에서 전하는 첫번째 예루살렘 방문의 모습은 약간 다르다. 바울은 예루살렘에서 게바와 함께 15일을 머물렀다고 한다. 그때 주의 형제 야고보 외에는 다른 사도들을 보지 못했다고 한다(갈 1:19). 갈라디아서는 자기가 받은 복음이 예수로부터 직접 받은 것이며 사람으로부터 받거나 배운 것이 아니라는 점을 강조하기 위해서 예루살렘 교회와의 관계를 인색하게 표현하고 있다. 바울은 이미 복음의 내용과 의미에 대해서 예수 그리스도로부터 받았고 확고히 정립했기에 게바와 함께 머무는 기간에도 복음의 핵심에 있어서는 선배 사도들로부터 배우거나 받은 것이 없었을 것이다. 다만 교류 과정에서 베드로로부터 예수의 생애와 교훈들에 관한 주변적인 지식을 얻었을 것이다.

예루살렘 방문 직후 사도행전에서는 다소로 간 것으로 보도하고 있지만 바울 사도가 다소에서만 머물렀던 것은 아닌 것 같다. 바울은 두번째 예루살렘 방문 사이에 수리아와 길리기아 지방에 이르렀다(갈 1:21)고 간략히 전하고 있다. 안디옥이 수리아에 속하고 다소가 길리기아에 속하는 것으로 보아 바울은 본격적인 선교 이전에 이들 지역에서 주로 활동했을 것이다.

바울의 초기 선교에 대한 자세한 내용이나 성과에 대한 보도들이 드문 것으로 보아 이때의 선교는 그리 성공적이지 않았던 듯하다. 안디옥 사역이 본격적으로 이루어지기 전까지 13년의 사역은 바울에게는 연단의 시간이었다고 할 수 있다. 하나님의 역사는 은혜받았다고 해서 바로 이루어지는 것이 아니다. 성숙에 필요한 시간이 요구되는데 아마 이 13년이 그런 시간이었을 것이다. 이때의 바울 사도의 상태를 추정할 수 있는 것이 고린도후서에 기록되어 있다. 여기서 바울은 자신이 환상 중에 셋째 하늘까지 이끌려 갔던 14년 전의 신비 체험을 언급한다(고후 12:1-4). 고린도후서가 기록된 시점을 AD 55, 6년경으로 추정하는데 이때로부터 14년 전이면 40년대 초반의 바울 초기 선교 기간이 된다. 바울은 이 연단의 기간에 깊은 영적 체험을 하며 신앙의 깊이와 내용을 확고히 했을 것이다.

안디옥 사역의 시작

바울의 이방 선교의 출발점은 안디옥 교회다. 바울은 안디옥 교회를 전초 기지로 하여 안디옥에서 출발하여 다시 안디옥으로 돌아오는 두 번의 선교 여행을 하였다. 안디옥은 수리아 지역의 중심지로 인구 50만 명에 이르는 대도시로, 로마와 이집트의 알렉산드리아에 이어 로마 제국에서 세번째로 큰 도시였다. 이곳 안디옥에서 최초의 이방인 교회가 세워졌다. 구브로와 구레네 몇 사람이 안디옥에 이르러 헬라인에게도 주 예수를 전파하여 많은 사람이 믿게 되었으며(행 11:20-21), 제자들이 안디옥에서 비로소 그리스도인이라 일컬음을 받게 되었다(행 11:26)고 전한다.

그리스도라는 단어는 헬라어로 '기름 부음을 받은 자'라는 뜻이다. 히브리어 메시아를 헬라어로 번역한 단어다. 기름 부음 받은 자가 곧 하나님의 구원자를 의미함을 유대인들은 익히 알고 있었지만 이방인들에게 다소 생소한 개념이었다. 결국 그리스도라는 보통명사가 예수 그리스도라는 고유명사처럼 인식되었고, 안디옥에서 처음으로 예수 믿는 자들을 일컬어 '그리스도인'이라 부르게 된 것이다.

그런데 사도행전에서는 이 안디옥 지역에 복음을 전한 사람들을 "스데반의 일로 일어난 환난으로 말미암아 흩어진 자들"(행 11:19) 중 구브로와 구레네 사람들이었다고 전한다. 이들을 헬라파 그리스도인이라 부른다. 초기 예루살렘 공동체는 디아스포라 유대인으로서 헬라어를 사용하는 헬라파 그리스도인과, 당시 팔레스틴 언어였던 아람어를 주로 사용하는 히브리파 그리스도인으로 나뉘었다. 이들 분파가 본격적으로 드러난 곳은 사도행전 6장에서 일곱 집사를 임명하는 배경이 되는 사건에서다. 6장 1절에서는 그 상황을 이렇게 전하고 있다. "그 때에 제자가 더 많아졌는데 헬라파 유대인들이 자기의 과부들이 매일의 구제에 빠지므로 히브리파 사람을 원망하니." 이 구절에서 헬라파와 히브리파란 말이 나오는데 이는 이들이 사용하는 언어를 기준으로 한 구분이다. 헬라파 과부들이 소외된 사건은 단순한 실수라기보다는 조직적으로 제외되었다는 느낌이 든다. 이 문제를 해결하기 위해 사도회의가 열렸고 사도들은 구제를 전담할 일곱 명을 선출하라

첫 이방인 교회의 등장. 안디옥에 있는 베드로 동굴 교회 ⓒ Wikimedia Commons

는 결정을 내린다. 이렇게 해서 선출된 일곱 명이 스데반을 비롯한 일곱 집사다(행 6:5). 그런데 이들 일곱 명의 이름이 모두 헬라식 이름을 가지고 있으며, 이들의 일이 단순히 구제에만 그치지 않았던 점을 고려할 때 이들은 헬라파 그리스도인들의 지도자였을 가능성이 높다. 실제 스데반은 선교를 하다가 유대인들에 의해 돌에 맞아 순교했다. 빌립은 사마리아 지역에 복음을 전했고, 에티오피아 내시에게도 복음을 전했으며, 가이사랴에서는 전도자로 불렸다.

이 두 파는 율법에 대한 태도에 있어서 뚜렷이 구분되는 성향을 보였을 가능성이 높다. 아무래도 예루살렘 교회를 중심으로 활동했던 히브리파 그리스도인들은 율법에 대해서 관대한 경향을 보였을 것이다. 이들은 대부분 유대인들이었고 유대인들 대상으로 선교를 하고 있었기에 굳이 율법 문제를 건드릴 필요가 없었다. 반면에 헬라파 그리스도인들은 이방인을 대상으로 선교해야 했기에 율법에 큰 중요성을 두지 않는 심지어 율법 폐기론에 가까운 입장을 보였을 가능성이 높다. 이는 스데반을 고소하며 "이 사람이 이 거룩한 곳과 율법을 거슬러 말하기를 마지 아니하는도다"(행 6:13)며 비난했던 데서도 알 수 있다. 또한 스데반 순교 이후에 교회에 대대적인 박해가 가해져서 성도들은 다 흩어졌는데 사도들은 그대로 예루살렘에 남아 있었다는 점을 들 수 있다. "예루살렘에 있는 교회에 큰 박해가 있어 사도 외에는 다 유대와 사마리아 모든 땅으로 흩어지니라"(행 8:1). 이는 이때 일어난 박해가 그리스도인들 중 율법에 부정적 입장을 보였던 헬라파를 대상으로 한 핍박이었음을 보여 준다. 사마리아 지역과 이방인 지역의 선교는 이들 헬라파 주도 하에 이루어진다. 안디옥 교회도 헬라파 그리스도인들에 의해서 개척된 곳이다.

초대교회는 우리가 생각하는 것처럼 순도 백 퍼센트 모범적인 집단은 아니었다. 그 안에는 갈등도 있었고 분열도 있었다. 바울을 괴롭혔던 세력은 유대인들만이 아니라 신앙인들 중에서 율법을 중시했던 유대주의적 그리스도인들도 있었다. 갈라디아서에서는 이들을 주의 형제 "야고보에게서 온 어떤 이들"(2:12)이라고 부르기도 한다. 하나님의 구원 역사가 그렇듯이 구원사는 인간의 완전함과 순종에 의해서 이루어지는 것이 아니라 하나님의 열심과 성실에 의해서 이루어진다. 인간의 무지와 분열에도 불구하고 성령께서 이끌어 가셨던 것이 사도행전의 선교 역사다.

안디옥 교회의 설립 소식을 듣고 예루살렘 교회에서는 바나바를 파송하였다. 바나바 또한 헬라파 그리스도인이었을 가능성이 높다. 바나바는 아예 안디옥을 근거지 삼아 선교를 계속한다. 바나바가 했던 가장 중요한 역할은 다소에 머물던, 장차 위대한 선교사가 될 바울을 데리고 와서 함께 사역을 했다는 점이다. 이것은 종교개혁 당시 파렐(G. Farel)이 칼뱅(J. Calvin)을 장차 종교개혁의 산실이 될 제네바로 끌어들였던 것에 비견할 만한 사건이었다. 사도행전은 "둘이 교회에 일 년간 모여 있어 큰 무리를 가르쳤다"(11:26)고 전한다. 사도행전 13장 1절에서 안디옥 교회의 선지자들과 교사로 불리는 바나바, 시므온, 루기오, 마나엔, 바울 등 다섯 사람은 안디옥 교회의 지도자들이었고, 이중 바나바의 이름이 가장 먼저 언급되는 것으로 보아 가장 중요한 인물이었던 것 같다.

이방인 선교의 영예

본격적인 이방인 선교는 바울 사도에 의하여 이루어졌고, 누가가 소속된 교회뿐만 아니라 대부분 이방인 교회들은 바울에 의해 개척되었다. 누가는 바울을 열정적인 선교사요, 기적을 행한 능력자요, 달변의 설교자임을 만천하에 드러내고 있다(행 14:12). 그렇지만 누가는 이방인 선교의 영예를 결코 바울에게 돌리지 않는다. 바울을 신앙의 영웅으로 묘사하지만 그것은 철저히 교회의 질서 아래 있는 영웅일 뿐이다.

대표적인 예로 누가는 바울을 사도라 부르는 데 인색하다. 바울에게는 '사도 바울'라는 수식어가 그의 이름처럼 따라붙는데 사도행전에서는 그렇지 않다. 누가가 바울을 직접적으로 사도라고 부른 적이 없다. 헬라어 원문으로 보면 바울을 간접적으로 언급한 곳이 사도행전에서 딱 두 군데 나온다. 이고니온에서 선교할 때 "그 시내의 무리가 나뉘어 유대인을 따르는 자도 있고 두 사도를 따르는 자도 있는지라"(행 14:4)는 구절과 루스드라에서 선교할 때 "두 사도 바나바와 바울이 듣고 옷을 찢고"(행 14:14)라는 구절이다. 한글 성경에서 그 외에 바울을 사도라 부르는 곳은 원래 원문에 없는 의역이다. 누가는 바울을 단독적으로 사도라 부르기보다는 바나바와 함께 통칭 사도라 부르고 있다. 누가의 이런 태도는 바울 서신서에서 바울이 자신이 그리스도로부터 임명받은 사도임을 강조했던 것과(롬 1:1, 고전 1:1, 고후 1:1, 갈 1:1)는 매우 상반된다.

누가가 이처럼 바울을 사도라 부르는 데 인색한 이유는 그가 교회 질서를 중요시했기 때문이다. 사도행전 1장에서 누가는 이미 사도가 될 수 있는 조건을 규정하고 있다. 사도는 무엇보다 예수의 세례로부터 승천까지 함께했던 목격자들 중의 하나로 예수의 부활을 증언해야 할 사람이다. 이런 조건 하에서 사도는 이스라엘 12지파를 상징하듯 12명으로 한정되었다. 예수를 팔았던 유다 대신 맛디아를 뽑았던 이유도 12라는 수를 맞추기 위해서였다. 이 열두 사도가 있는 예루살렘 교회는 모든 권위와 질서의 보루이다.

누가가 예루살렘 사도들의 권위를 높이는 장면은 심심찮게 목격된다. 사도들의 안수에 의해서 헬라파 그리스도인을 대표하는 일곱 명의 집사가 선출되었다(행 6:1-6). 빌립이 사마리아 지역을 개척했지만 사도들이 파송되어 확인 절차를 거친다(행 8:14-17). 최초의 이방인 교회인 안디옥도 예루살렘 교회가 파송한 바나바에 의해서 그런 절차를 거쳤다(행 11:22). 율법 문제가 발생했을 때 최종 결정은 예루살렘 교회의 사도와 장로들에 의해서 이루어진다(행 15:1-29). 누가는 예루살렘 교회를, 유대인들의 모든 의사결정이 이루어졌던 산헤드린 의회와 유사한 권위를 가진 기독교 산헤드린처럼 높이고 있다.

바울도 예외는 아니다. 바울은 다메섹 소명 사건 이후 예루살렘 교회에 가서 추인을 받아야 했다(행 9:26). 1차, 2차, 3차에 이르는 선교 후에 바울은 반드시 예루살렘에 들러 선교 보고를 했다(15:4, 18:22, 21:19). 누가는 이처럼 교회 질서를 매우 소중히 여기며, 바울을 교회 질서에 순종하는 인물로 그리고 있다. 반면에 바울 서신서에서 바울은 사도들에 대하여 "유명하다는 이들 중에 본래 어떤 이들이든지 내게 상관이 없으며 하나님은 사람을 외모로 취하지 아니하시나니"(갈 2:6), "나는 지극히 크다는 사도들보다 부족한 것이 조금도 없는 줄로 생각하노라"(고후 11:5) 하며 사도의 권위를 인정치 않는 듯한 태도를 보인 바 있다. 이런 고압적인 태도는 누가에 의해서 상당 부분 무마되고 있다. 이런 상반된 그림은 누가의 창작이기보다는 실제 바울의 이중적인 태도에서 연유했을지도 모른다. 바울은 복음의 진리에 있어서는 매우 비타협적인 태도를 보였지만 부차적인 문제에 있어서는 유연한 태도를 보이고 있다.

누가의 이런 시각은 이방인 선교 문제에 있어서도 드러나고 있다. 사도행전에서 증언하는 최초의 이방인 선교사는 바울도 아니고, 에티오피아 내시에게 전도했던 빌립도 아닌 바로 베드로 사도다. 사도행전 10장과 11장은 고넬료 사건을 다루고 있는데 이것이 바로 13장에서부터 전개될 본격적인 이방인 선교의 문을 열어젖힌 결정적 사건이 되었다. 고넬료를 만나기 전에 베드로는 기도 중에 환상을 보았다. 하늘이 열리면서 보자기와 같은 그릇이 내려오는데 그 안에 유대인들이 금기시 여기는 부정한 짐승들이 담겨 있었다. 잡아먹으라는 하늘의 소리에도 불구하고 베드로는 부정하고 깨끗하지 않은 것은 먹지 않겠다고 거부한다. 그러자 하늘로부터 "하나님께서 깨끗하게 하신 것을 네가 속되다 하지 말라"는 소리가 들린다. 이런 승강이가 세 번 반복

바울의 거침없이 담대하게

되었다. 이 환상의 의미는 무엇인가? 이제는 부정한 음식은 없고 어떤 음식도 먹어도 된다는 선언인가?

이 환상의 의미는 이어지는 고넬료 사건에서 규명된다. 고넬료는 군대의 백부장으로 이방인이었다. 그는 기도하는 중에 하나님의 사자의 지시를 받고 베드로에게 사람을 보낸다. 그래서 욥바에 있던 베드로가 가이사랴에 있는 고넬료의 집을 방문하게 된다. 고넬료를 보자 했던 베드로의 발언에 환상의 진정한 의미가 담겨 있다.

"이르되 유대인으로서 이방인과 교제하며 가까이 하는 것이 위법인 줄은 너희도 알거니와 하나님께서 내게 지시하사 아무도 속되다 하거나 깨끗하지 않다 하지 말라 하시기로"(행 10:28). 이 환상은 이방인이 더이상 더러운 존재가 아니라는 선언이다. 유대인들은 이방인을 부정한 죄인 취급해서 가까이하지도 않았고 같이 음식을 먹지도 않았다. 그러나 이제는 하나님께서 깨끗하게 했기에 이방인과 교제할 수 있다. 이는 베드로가 설교하는 도중에 임한 성령으로 말미암아 확실하게 되었다. 베드로는 "이 사람들이 우리와 같이 성령을 받았으니"(행 10:47) 하며 고넬료와 그 집안에 있던 모든 이방인에게 물로 세례를 베푼다. 성령은 거룩한 영인데 이 거룩한 영이 이방인에게 임했다면 이방인도 이제는 깨끗하게 되었다는 증거인 것이다. 사도행전 2장이 유대인의 오순절이었다면, 고넬료의 집에서 일어났던 사건은 이방인의 오순절이었다.

고넬료를 비롯한 이방인들을 하나님의 백성으로 받아들인 이 사건은 예루살렘에서 논란을 일으킨다. 할례자들이 이방인과 교제하고 세례 준 것을 비난하자(행 11:2-3) 베드로는 자기에게 임했던 환상과 고넬료의 집에서 일어났던 성령 세례 사건을 다시 반복한다. 여기서 다시 누가의 반복 기법이 돋보인다. 이 모든 진술을 듣고 난 후 그들은 다음과 같은 결론을 내린다. "그들이 이 말을 듣고 잠잠하여 하나님께 영광을 돌려 이르되 그러면 하나님께서 이방인에게도 생명 얻는 회개를 주셨도다 하니라"(행 11:18). 이것은 단순히 몇몇 사람의 결정이 아니라 예루살렘 교회의 공식적인 결정이다. 드디어 이방인 선교가 시작이 된 것이고, 이를 증명하듯 바로 이어서 이방인들에 의해 최초로 세워진 안디옥 교회의 설립이 언급된다.

이방인 선교의 영예를 바울이 아닌 베드로에게 돌리고 있지만 사실 이방인 선교의 영예는 하나님께 돌려야 마땅하다. 10장의 베드로의 환상이나 고넬료 사건은 모두 하나님의 주도로 이루어졌기 때문이다(10:3, 10, 19, 22, 30, 44, 11:5, 12, 13). 인간들은 하나님의 지시에 수동적으로 움직였을 뿐이다. 심지어 바울과 그 일행이 본격적인 이방인 선교에 나선 것도 성령에 의해서였다. 안디옥 교회 지도자들이 금식하고 있을 때 바나바와 바울을 따로 세우라는 성령의 명령이 떨어졌고, 누가는 이들이 "성령의 보내심을 받아"(행 13:4) 선교에 나섰다고 보도하고 있다. 그런 점에서 사도행전은 성령행전이다. 사도행전은 성령께서 사도들과 제자들을 예수의 증인으로 삼아 복음을 전파하게 하시고, 유대의 경계를 넘어 이방인들에게, 더 나아가 땅 끝까지 이르게 했던 선교 대행진의 기록이다.

04
1차 선교 여행

구브로 선교

바울의 1차 선교는 AD 47년경에 시작된 것으로 추정된다. 그 주된
지역은 구브로와 소아시아 남부 지역이었다. 1차 선교 여행의 주도자
는 바울과 바나바다. 누가는 처음에는 바나바의 이름을 바울보다 앞
세우다가(행 13:2, 7) 중간에 바울의 이름을 바나바보다 앞세움으로써
(행 13:43, 46) 선교의 주도권이 바울에게 넘어가고 있음을 보여 준다.
또한 그 전까지는 유대식 이름인 사울이라 부르다가 은근슬쩍 로마식
이름인 바울로 바꾸어 부른다(행 13:9). 드디어 이방인 선교사라는 바
울의 정체성이 폭로되는 순간이라 할 것이다. 누가는 이름을 통해서
정통 유대인이 세계 시민이 되고, 이방인 전도자가 되었음을 효과적

으로 보여 준다.

　바울 일행은 안디옥을 출발해서 25킬로미터 떨어진 실루기아 항구로 내려가서 거기서 구브로로 가는 배를 탔다. 구브로는 바나바의 고향으로 먼저 자신들의 연고가 있는 가까운 곳에서부터 선교하기로 했던 것이다. 제일 먼저 도착한 곳은 구브로 섬의 동쪽에 위치한 살라미였다. 이곳에서 유대인의 여러 회당에 하나님의 말씀을 전했다(행 13:5)고 한다. 바울은 선교 과정에서 일정한 경향의 선교 전략을 보여 주었다. 그것은 무엇보다 로마 제국의 대도시를 중심으로 선교하는 것이었고, 그 도시에 위치한 유대인의 회당에서 선교를 시작했다. 팔레스타인 본토에는 50만에서 60만 명의 유대인들이 살았던 것에 비해서 로마 제국 전역에 흩어져 있는 디아스포라 유대인은 450만 명에 달했다. 로마 제국 내에 평균적으로 7퍼센트 정도의 유대인들이 분포했던 것이다. 이들 중에서 믿는 자들이 생기면 따로 모임을 갖게 되고 그것이 교회가 되었다. 이런 바울의 선교 전략은 짧은 시간에 효과적으로 복음을 증거하는 탁월한 선교 방식이었다. 그렇지만 유대인들 입장에서 보면 마치 자기 교인들을 빼가는 것처럼 보여 바울에 대한 박해는 이로 인해 더 심해졌을 것이다.

　유대교 회당에는 유대인만 있었던 것은 아니다. 이방인들도 있었는데 이들을 하나님 경외자(God-fearer)라 불렀다(행 10:2, 22, 13:16, 26, 50, 16:14, 17:4, 17, 18:7). 이들은 유대인과 유대 종교가 좋아서 유

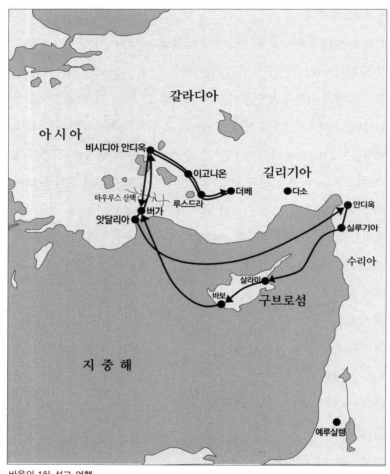

갈라디아

아시아

비시디아 안디옥

이고니온

길리기아

다소

타우루스 산맥

루스드라

더베

버가

앗달리아

안디옥

실루기아

수리아

살라미

바보

구브로섬

지 중 해

예루살렘

바울의 1차 선교 여행

바울의 거침없이 담대하게

대 관습을 지키고 유대 회당에도 정기적으로 참석했던 사람들이다. 하나님 경외자 중에 할례를 받고 완전히 유대교로 개종한 사람들이 있었는데 이들은 개종자라 불렸다. 일곱 집사 중 한 명인 니골라가 대표적인데 누가는 "유대교에 입교했던 안디옥 사람 니골라"(행 6:5)라고 소개한다. 대부분은 유대교로 개종하지 않고 하나님을 경외하는 자로서 유대 회당에 출석을 했는데 이들이 바울의 주요 선교 대상이었고, 초기 교회 공동체의 주요 신도들이었다. 바울은 비시디아 안디옥에서 "이스라엘 사람들과 및 하나님을 경외하는 사람들아 들으라"(행 13:16) 하며 복음을 전한다. 이외에도 이고니온, 빌립보, 데살로니가, 베뢰아, 아테네, 고린도 선교에서 주된 선교 대상은 바로 이들 하나님 경외자들이었다. 빌립이 전도했던 에티오피아 내시나 베드로가 전도했던 고넬료 또한 하나님 경외자들이다. 할례나 정결법 등 유대의 율법 때문에 완전한 유대교인이 되지 못했던 이들에게 율법 무용론을 주장하며, 예수의 메시아 됨을 전했던 바울의 선교는 충분히 매력을 끌만 했을 것이다.

바울은 구브로를 관통하여 동쪽 끝인 바보에 이른다. 바보는 현대어로 파포스(Paphos)라 불리는데, 이곳은 미의 여신 비너스가 물거품에서 태어났다는 곳으로 고대로부터 유명한 장소였다. 바보에서 바울은 이 지역 총독인 서기오 바울에게 복음을 전한다. 사도행전에서 바울은 유달리 총독들 앞에서 복음을 전하거나, 그들에게 재판을 받는 사례가 많다. 아가야 지방의 고린도에서는 갈리오 총독 앞에 선다(행 18:12). 가이사랴에서는 벨릭스 총독(행 23:33) 앞과, 베스도 총독(행 25:6) 앞과, 헤롯 아그립바 왕 앞에서(행 26:1) 재판을 받고 무죄 선고를 받는다. 이것은 직접적으로는 '이방 민족들과 왕들' 앞에서 증인이 될 것이라는 예수의 예언(행 9:15)의 성취이기도 하지만, 로마 제국의 유력한 사람들이 복음을 듣고 또 그들이 믿거나 바울의 무죄성을 인정했다는 점은 기독교를 정치적 위협으로부터 보호하는 효과를 가져다주었다.

총독 서기오 바울은 하나님 말씀을 듣고자 했지만 그 곁에 있는 유대인 마술사 엘루마가 바울의 선교를 방해한다. 이에 바울이 성령이 충만하여 저주의 말을 하자 그가 맹인이 되어 얼마 동안 앞을 못 보게 된다. 당시 헬라 사회에는 이런 마술사들이 많았다. 사마리아 선교 때는 그 지역을 현혹시키던 시몬이라는 마술사가 있었다(행 8:9). 그는 베드로가 안수하여 사람들에게 성령을 받게 하는 것을 보고 돈으로 그 능력을 사려고 하다가 크게 혼이 났다.

기록에 의하면 시몬은 사마리아 지역에서 지고의 신으로 추앙받던 인물이었다. 이런 능력자를 교회의 전도자들이 굴복시킨 것이다. 바울은 빌립보에서 귀신을 빙자해 점을 치던 여종에게 씌웠던 귀신을 내어 쫓았다(행 16:18). 에베소에서는 악귀들도 바울의 이름을 알았으며(행 19:15), 바울의 사역으로 말미암아 마술사들이 자신들의 책을 다

량으로 불사르는 일도 일어났다(행 19:19). 헬라 사회에서는 이처럼 거짓 예언자나 술사들이 많았는데 누가는 사도들이 이들과 싸워 승리하는 모습을 보여 줌으로써 복음의 능력을 드러내고 있다.

비시디아 안디옥에서 행한 바울의 설교

구브로 사역을 마친 바울 일행은 바보에서 배를 타고 건너편 앗달리아 항구에 닿았고 그 내륙에 있는 버가에 도착한다. 버가는 큰 도시임에도 불구하고 선교했다는 보도는 없고 다만 마가 요한이 그들을 떠나서 예루살렘으로 돌아갔다는 말만 전한다. 바울 일행은 곧바로 비시디아 안디옥으로 넘어간다. 사도행전에서는 간략히 그 경과만 보여 주고 있지만 사실 그 여행 경로는 쉽지 않았다. 버가와 안디옥 사이에는 타우루스(Taurus) 산맥이 가로 놓여 있었기 때문이었다. 타우루스 산맥은 매우 가파르고 험하며 강도들의 출몰이 잦았다. 안디옥은 버가에서 160킬로미터나 떨어져 있고, 1,200미터 높이의 고원 지대에 위치한 도시였다.

　학자들은 이런 상황을 놓고 여러 추론을 한다. 람세이(William M. Ramsay)는 바울이 버가의 습한 날씨로 인해 말라리아에 걸려 버가에서 선교를 못하고 급히 고원지대로 옮겨야 했다고 풀이한다. 어떤 학자는 마가가 예루살렘으로 돌아간 이유를 험한 여행을 앞두고 두려워

돌아갔다고 해석하기도 한다. 이런 해석들은 모두 추측에 불과하다. 그렇지만 우리는 바울이 갔던 선교 여정이 쉽지 않은 길이었다는 점만은 확인할 수 있다.

바울의 비시디아 안디옥 선교는 1차 선교의 절정에 해당한다. 이곳에서 바울은 사도행전에서 드러난 그의 첫 설교를 긴 분량에 걸쳐 행한다. 설교나 연설은 사도행전에서 매우 중요한 역할을 한다. 분량 면에서도 그러한데 사도행전의 총 1,003개의 절 수 가운데 근 300절이 설교나 연설이다. 디벨리우스(M. Dibelius)는 연설들을 다음과 같이 24개로 구분하고 있다.

(1) 베드로의 연설 8개(행 1:16-22; 2:14-36, 38-39; 3:12-26; 4:8-12, 19-20; 5:29-32; 10:34-43; 11:5-17; 15:7-11)

(2) 바울의 연설 9개(행 13:16-41; 14:15-17; 17:22-31; 20:18-35; 22:1-21; 24:10-21; 26:2-23, 25-27; 27:21-26; 28:17-20)

(3) 스데반의 연설(행 7:2-53), 야고보의 연설(행 15:13-21)

(4) 비그리스도인 연설 5개. 가말리엘(행 5:35-39), 데메드리오(행 19:25-27), 에베소의 서기장(행 19:35-40), 더둘로(행 24:2-8), 베스도(행 25:24-27)

사도행전에서 설교나 연설을 생략하면 재미없는 사건의 기록만 남

바울의 거침없이 담대하게

을 것이다. 연설에는 그 사건을 바라보는 누가의 시각이나 신학이 담겨 있어 사건의 의미와 내용이 더 풍성해진다. 연설은 또한 사건 당사자의 직접적인 목소리가 담겨 있기 때문에 마치 그 현장을 눈으로 보듯 생생하게 만들어준다. 이런 연설 기법은 누가만 사용한 것이 아니라 당시 역사가나 문학가들도 즐겨하는 양식이었다. 그런데 직접 그 현장에 있지도 않았고 녹음기도 없었던 시대에 저자는 어떻게 생생한 기록을 남길 수 있었을까? 연설이 만들어졌던 과정은 고대 역사가 투키디데스(Thucydides)의 다음과 같은 설명에서 확인할 수 있다.

> 이 역사책에 있는 연설들에 관하여는 일부는 전쟁터에서 얻었고, 일부는 직접 들었거나 다른 사람들로부터 전해 들었지만 모든 경우에 그것들을 그대로 단어로 옮긴다는 것은 인간의 기억 능력으로는 어려웠다. 그래서 나는 그들의 연설이 그 상황에 맞는 적절한 것이 되도록 꾸미곤 했다. 물론 그들이 실제 말했던 일반적 의미에 최대한 가깝도록 했지만(《펠로폰네소스 전쟁사》, 1.22.1).

누가의 형편도 마찬가지였다. 세월이 흐른 몇 십 년 전 연설을 그대로 재현해 내기란 누가도 어려웠을 것이다. 또 누가가 속해 있는 당시 교회 상황에 맞는 메시지도 필요했을 것이다. 그래서 학자들 간에는 연설에 누가의 창작이 많이 가미되었다는 진보적인 견해와, 누가가 최대한 사도들의 연설을 재현해 냈다는 보수적인 견해로 갈린다. 이처럼 사도행전의 연설 속에는 복음을 전하던 그 긴박했던 순간의 사도들의 목소리가 들리기도 하지만, 그 속에는 누가의 목소리도 함께 섞여 있음을 망각해서는 안 될 것이다.

비시디아 안디옥에서 행한 바울의 설교에서 주목할 부분은 두 가지다. 하나는 구약의 역사에 대한 이해다. 바울은 히브리어 성서를 헬라어로 번역했던 70인역(LXX) 구약 성서를 인용하여 설교한다. 하나님에 대한 호칭도 "이스라엘 백성의 하나님"(행 13:17)이다. 출애굽과 광야생활과 가나안 정착에 대해서 언급하며 이어서 사무엘과 사울 왕과 다윗 왕을 언급한다. 22절 이하에서는 다윗과 시편을 인용하면서 예수 그리스도의 부활을 증거한다. 사도행전에서는 구약의 역사와 구약 성서를 매우 존중한다. 이는 다른 설교들에서도 쉽게 확인할 수 있다. 베드로는 오순절 성령 강림 사건을 요엘서의 예언의 성취로 해석한다. 스데반은 가장 긴 설교를 하는데 아브라함에서 모세에 이르는 역사와 모세에 의한 출애굽의 역사를 매우 장황히 설명한다. 구약 역사에 대한 이런 인식은 매우 중요하다. 그것은 새로 출범한 기독교의 정통성을 이스라엘의 역사와 성서에서 찾고 있기 때문이다. 기독교는 유대교에서 탈락한 세력이 아니다. 오히려 유대교의 주류를 계승한 종파임을 보여 주는 것이 사도행전의 의도다. 역사적 바울 또한 로마서나 갈라디아서에서 믿음의 근원을 아브라함에게서 찾는다. 로마서

바울의 거침없이 담대하게

바울의 선교는 유대인 회당에서부터 시작되었다. AD 3세기 로마 제국의 사데(Sardis) 지역에 건설되었던 회당 ⓒ Atilim Gunes Baydin

9~11장에서는 이스라엘로부터 시작하여 이방인의 교회에까지 이른 하나님의 구원사를 개관하고 있다. 초대교회에서는 성서 해석을 두고 유대교와 일대 전쟁을 벌였고, 비시디아 안디옥 설교에서도 동일한 일이 발생하고 있는 것이다.

바울의 설교에서 또 하나 주목해야 할 것은 그의 강조점이 예수의 십자가가 아니라 부활에 맞추어져 있다는 점이다. 십자가의 신학이 섬김, 약함, 대속에 그 의미가 있다면 부활의 신학은 승리와 영광에 있다. 사도행전에서 증거되는 예수는 부활의 예수이며 영광의 예수이다. 바울은 예수의 죽음을 설명하면서 "죽일 죄를 하나도 찾지 못하였으나 빌라도에게 죽여 달라 하였으니"(행 13:28)라 하여 십자가 사건을 마치 구약의 선지자들처럼 무고한 죽음이었으며, 이스라엘의 무지로 빚어진 비극으로 해석한다. 이는 베드로의 설교에서도 마찬가지다. 베드로는 오순절 설교에서 십자가 사건을 이렇게 설명한다. "너희가 법 없는 자들의 손을 빌려 못 박아 죽였으나 하나님께서 그를 사망의 고통에서 풀어 살리셨으니"(행 2:23-24). 십자가 사건은 간략히 언급하고 바로 예수의 부활에 대한 증거로 넘어가고 있다. 비시디아 안디옥 설교도 마찬가지인데 부활에 대한 설교는 13장 30절에서 37절까지 이르고 있다. 바울은 유대 법정에서도 "죽은 자의 소망 곧 부활로 말미암아 내가 심문을 받노라"(행 23:6)고 고백한다. 사도행전에서 전하는 바울의 메시지의 초점은 예수의 부활과 그로 말미암은 구원받은 자들의 부활에 맞추어져 있다. 복음서도 예수의 인성을 강조하는 마가복음과 신성을 강조하는 요한복음으로 나뉘듯이, 사도행전에서는 그 중점이 십자가보다는 부활 쪽으로 옮겨갔다 할 것이다. 그래서 케제만(Ernst Kasemann) 같은 학자는 사도행전에서는 "영광의 신학이 십자가의 신학을 대체하고 있다"고 말한다.

비시디아 안디옥에서 행한 바울의 복음 선포 결과는 어떻게 되었나? 바울의 설교는 유대인 회당에서 행해졌고 거기에는 유대인과 하나님 경외자와 개종자들이 함께 섞여 있었다. 그들 중 많은 수가 바울과 바나바를 따랐다고 전한다. 그 다음 안식일에는 안디옥 온 시민이 하나님 말씀을 듣기 위해 모여들었다. 그러나 유대인들이 시기하여 본격적으로 바울 일행을 비방하고 무리를 선동하여 박해하기 시작한다. 이런 유대인들의 완악함을 보며 바울은 "하나님의 말씀을 마땅히 먼저 너희에게 전할 것이로되 너희가 그것을 버리고 영생을 얻기에 합당하지 않은 자로 자처하기로 우리가 이방인에게로 향하노라"(행 13:46)는 선언을 해 버린다. 너무 성급한 결정이라고 생각할 수 있지만 실은 이런 현상은 바울이 선교하는 곳곳에서 벌어졌던 일이다. 바울은 이곳뿐만 아니라 고린도에서도(행 18:6), 로마에서도(행 28:25-28) 동일한 선언을 한다. 이를 통해서 누가는 교회가 이방인 선교로 향하게 된 원인이 유대인 자신들에게 있음을 밝히는 동시에 하나님께서 그렇게 구원사를 이끌어 가셨음을 확인시킨다.

이고니온, 루스드라, 더베에서

바울 일행은 안디옥 동쪽으로 계속 전진해 직선거리로 약 125킬로미터 떨어져 있는 이고니온을 방문한다(행 13:51). 바울은 안디옥에서 자신이 했던 선언이 생각나지 않는다는 듯이 다시 유대인 회당을 찾고 복음을 전한다. 여기서도 마찬가지로 두 사도를 따르는 유대인과 그렇지 않은 유대인들로 도시가 갈린다. 믿지 않은 유대인들이 이방인과 관리들을 충동하여 바울 일행을 모욕하고 돌로 치려하여 그들은 이곳을 떠난다.

이고니온은 오늘날 명칭으로 콘야라고 불리는데 교회사에서는 바울과 테클라 관련 전설로 유명하다. 2세기 중엽으로 추정되는 위경 《바울과 테클라 행전》에서는 이고니온에서 한 바울의 설교를 듣고 감화를 받은 테클라가 평생 동정녀로 살면서 복음을 전했다고 전한다. 테클라와 관련된 기적들이 많은데 화형을 당할 때도 그 몸이 조금도 상하지 않았다고 하며, 사자 우리에 던져졌을 때는 암사자가 오히려 테클라의 발만 핥았다고 한다. 지금도 이곳에 가면 테클라와 관련된 유적들을 볼 수 있다. 그 전설의 사실성 여부를 떠나 이 지역에 미친 바울의 영향을 재삼 확인할 수 있다.

반면에 바울 서신서에서는 1차 선교 지역에 대한 언급이 전혀 없다. 다만 디모데후서에서 이쪽 지역에서 당했던 고난에 대해서 다음과 같이 언급하고 있을 뿐이다. "안디옥과 이고니온과 루스드라에서 당한 일과 어떠한 박해를 받은 것을 네가 과연 보고 알았거니와 주께서 이 모든 것 가운데서 나를 건지셨느니라"(딤후 3:11).

이고니온에서 쫓겨난 바울 일행은 이번에는 남쪽으로 진행하여 약 38킬로미터 떨어진 루스드라에 이른다. 루스드라에서 바울 일행은 대단한 기적을 행한다. 나면서부터 전혀 걷지도 못했고, 발을 써본 적도 없는 사람을 향해 바울은 큰 소리로 "네 발로 바로 일어서라"(행

14:10)고 명령한다. 그러자 즉시로 그 사람의 다리가 나아서 걷게 되었다. 그런데 문제가 엉뚱한 데로 커졌다. 바울의 이런 능력을 본 루가오니아 사람들이 신들이 사람의 형상으로 내려왔다고 하며 바나바는 제우스 신으로, 바울은 헤르메스 신으로 높였던 것이다. 제우스 신당의 사제는 화환을 두른 소를 몰고 와 두 사람을 제사하려 하였다. 당시 헬라 문화권에서는 신들이 인간의 형상으로 내려온다는 생각이 보편적이었다. 이 모습을 본 바나바와 바울은 자신들의 옷을 찢으며 이들의 행위를 제지한다.

이 사건을 보도하면서 누가는 두 가지 효과를 노리고 있다. 하나는 바울을 높이는 것이다. 기독교의 대사도요, 이방인 전도자인 바울의 능력을 드러냄으로써 복음의 능력과 교회가 가진 권세를 보여 준다. 바울의 능력은 에베소에서도 드러났는데 거기서는 바울의 손수건이나 앞치마를 가져다가 병든 사람에게 얹어도 병이 떠나고 악귀가 나갈 정도였다고 한다(행 19:12). 로마에 도착하기 전 멜리데 섬에서는 뱀에게 물리고도 죽지 않는 바울을 보며 원주민들이 바울을 신처럼 여긴다(행 28:6). 헬라인들의 눈에 바울은 신과 같은 능력을 가진 사람으로 보였던 것이다. 실제 헬라 사회에서는 신적인 인간(divine man)들로 불리는 인물들이 많았다. 이들은 권력이나 철학, 마술이나 기교 등에서 남다른 능력을 보여 마치 신처럼 추앙을 받았다. 바울은 능히 이들과 비견될 만한 영웅이었다.

그러나 동시에 누가는 이 기회를 이용해서 올바른 신관과 인간관을 갖도록 이방인들을 교육한다. 14장 15-17절은 바울이 행한 두번째 설교인데 이 설교는 이방인을 향한 것이다. 이 설교에서 바울은 자신도 그들과 같은 성정을 가진 사람일뿐이라고 한다. 복음을 전하는 이유는 우상숭배를 그치고 창조주 하나님께 돌아오라는 데 있다고 전한다. 루스드라 설교는 아테네에서 행할 바울의 아레오바고 설교를 예비하는 성격을 갖는다. 누가는 바울을 높이지만 그것은 헬라인들처럼 인간을 신격화하려는 데 그 목적이 있지 않다. 오직 영광을 받으실 분은 하나님 한 분 뿐이다. 누가가 바울을 영웅으로 서술하는 이유는 그가 이방인들의 교회를 세운 대사도이기 때문이다. 바울을 높이는 것은 곧 교회를 높이는 것과 같다.

그러나 사람들의 마음은 믿을 바가 못 되었다. 안디옥과 이고니온에서 온 유대인들이 무리들을 충동하여 돌로 바울을 쳤고 죽은 줄 알고는 성 밖에 버렸다. 바울을 신처럼 추앙하던 사람들은 모두 어디로 갔는가? 그런데 놀랍게도 바울은 마치 아무 일 없다는 듯이 툭툭 털고 일어나더니 성으로 들어갔다가 복음을 전하기 위해 더베로 향했다.

사도행전에서 고난을 취급하는 태도는 매우 담담하다. 스데반의 순교 장면만 자세히 묘사할 뿐 요한의 형제 야고보의 순교 장면은 단 한 구절로 처리하고 만다(행 12:2). 사도들은 감옥에 갇히고 재판에 끌려가고 죽음의 위기를 맞지만 두려워하지 않았으며 오히려 이를 기뻐

한다. "사도들은 그 이름을 위하여 능욕받는 일에 합당한 자로 여기심을 기뻐하였다"(행 5:41). 바울은 "우리가 하나님의 나라에 들어가려면 많은 환난을 겪어야 할 것이라"(행 14:22) 하며 제자 된 자들에게 환난은 당연한 것임을 역설한다. 바울은 죽을 정도로 돌에 맞고도 아무렇지도 않다는 듯이 일어나서 다시 증인의 길을 가는 모범적인 제자의 모습을 보여 준다.

더베는 루스드라에서 남동쪽으로 약 56킬로미터 떨어져 있는 도시다. 그곳을 끝으로 바울의 1차 선교는 마무리된다. 이곳에서 육로를 따라 동쪽으로 계속가면 다소가 나오고 선교의 본거지인 안디옥에 다다른다. 그러나 바울 일행은 쉬운 귀환 길을 버리고 자신들이 선교했던 지역을 더베로부터 다시 루스드라, 이고니온, 안디옥으로 거슬러가며 교회를 다진다. 그곳에 지도자들을 세우며 교회가 자립할 수 있도록 돕는다. 바울이 세웠던 교회가 견고히 살아남을 수 있었던 이유는 이처럼 바울이 여러 번 교회들을 방문하며 다져 놓았기 때문이다. 자신이 갈 수 없는 경우에는 서신을 써서 격려하거나 권면하였다. 바울은 다시 버가에 이르러 전에 전하지 못했던 하나님의 도를 전한 후 앗달리아에서 배를 타고 안디옥으로 귀환한다.

선교의 분기점이 된 예루살렘 회의

율법 문제

바울이 유대인들에게 박해를 받았던 것은 그의 율법에 대한 태도 때문이었다. 기독교 공동체가 막 출범했을 때 내부에서 가장 논란을 빚었던 것도 율법 문제였다. 기독교가 유대교로 환원하느냐, 세계적 종교로 발전하느냐의 분기점에 이 율법 문제가 걸려 있었던 것이다.

유대인들의 율법에 대한 애착은 유별나다. 율법은 만물의 창조보다 앞서 이미 2천 년 전에 태어났으며, 만물의 창조와 섭리 과정에도 참여했고, 종말 이후에도 율법은 없어지지 않는다며 율법을 신격화할 정도다. 유대인들이 의인이고 선민인 이유는 율법을 가지고 있기 때문이다. 이방인들은 율법이 없기 때문에 하나님의 언약에서 멀어졌으며 죄 많은 더러운 존재일 뿐이다. 유대인들의 정결법은 세상에 만연한 죄로부터 자신을 씻기 위한 의식이다. 먹을 수 있는 정한 음식과 그렇지 못한 부정한 음식이 따로 있었으며, 음식을 먹을 때는 항상 손을 씻어야 했다. 손을 통해서 죄가 오염되는 것을 막기 위해서다. 이방인은 더러운 죄인이기 때문에 그들과 식사를 하는 것도 금지되었다. 초대 기독교 공동체에서 이런 금기를 깨고 유대인과 이방인이 함께 성만찬의 교제를 나누는 것은 유대인들 입장에서는 상상할 수 없는 일이었다.

정결법과 관련되어 《마카비서》라는 성서 외경은 다음과 같은 유명한 일화를 남기고 있다. 기원전 2세기에 안티오쿠스 에피파네스라는 인물이 유대인들을 박해할 때의 일이다. 안티오쿠스는 유대교를 말살시키기 위해 율법과 성전을 모독하고, 할례를 금지시켰으며, 안식일을 지키지 못하게 했다. 유대인들을 모욕하기 위해 그들이 부정하다고 생각했던 돼지고기를 강제로 먹이기도 했다. 그때 일곱 명의 아들을 둔 한 어머니가 있었는데 아들들이 모두 돼지고기 먹는 것을 거부했다. 그 결과 한 명씩 혀가 뽑히며, 머리가죽이 벗기는 모진 고문을 당하다 끓는 가마솥에 던져져 죽임을 당했다. 이렇게 일곱 명의 아들이 순교했지만, 오히려 그 어머니는 하나님의 율법을 지키기 위해 순교한 아들들을 자랑스럽게 여기며 찬양한다. 이런 사례를 본다면 베드로가 사도행전 10장에서 하늘에서 부정한 음식이 내려오고 그것을 먹으라는 환상을 보며 세 번씩이나 그럴 수 없다고 말했던 이유를 우리는 쉽게 짐작할 수 있다. 유대 율법에서 정결법은 그만큼 절대적인 명령이었다.

그래서 이방인이 유대교로 개종하기 위해서 반드시 거쳐야 하는 세 가지 의식이 있었는데 할례와 세례와 희생 제물을 바치는 것이다. 할례는 아브라함의 후손으로서 자신들이 하나님의 언약 백성임을 보여 주는 표지였기에 반드시 필요했다. 이중 개종자들에게만 특별히 요구되었던 것은 세례였는데 그들이 세례를 요구한 이유는 이방인들이 율법 없이 살아서 더러워졌기 때문에 부정한 것을 씻는 의식이 필요했기 때문이다. 세례 요한이 베풀었던 세례는 유대인들을 마치 이방인처럼 취급했다는 점에서 매우 파격적인 행동이었다 할 것이다.

이런 율법 준수의 문제는 기독교 선교에 큰 혼란을 가져왔다. 율법 준수가 유대 그리스도인들에게는 사실 문제가 되지 않았다. 그들은 이미 할례를 받았고 율법을 준수하는 것이 당연한 세계에서 살아왔기 때문이다. 여기에 예수 그리스도를 믿는 신앙만 하나 더하면 될 뿐이었다. 문제는 이방인들이 예수를 믿으면서 발생했다. 그들은 율법 없이 살아왔는데 그리스도를 믿고 난 후에 다시 율법을 지켜야 하느냐가 문제가 되었다. 특히 성인이 된 사람에게 행해야 하는 할례는 위험하고도 매우 성가신 일이었다. 항상 유대 과격 세력과 맞닿아 있었던 예루살렘 교회는 이들의 눈치를 보지 않을 수 없고 교회 주력이 유대인이었기 때문에 이방인도 율법을 준수해야 한다는 입장이 강했다. 이것은 바울 사도가 예루살렘을 방문했을 때 야고보의 "형제여 그대도 보는 바에 유대인 중에 믿는 자 수만 명이 있으니 다 율법에 열성을 가진 자라"(행 21:20)는 말에서도 확인할 수 있다.

바울 사도에게 있어서 율법 문제는 보다 근본적인 것과 관련된 문제였다. 율법 준수가 누구 눈치 보며 해도 좋고 하지 않아도 무방한 것이 아니라, 복음과 관련된 본질적인 문제임을 직시했기 때문이다. 하나님의 언약은 율법을 매개로 한 언약이었다. 이스라엘이 이 율법 안에 거하는 한 그들은 하나님 언약의 자손이다. 그러나 예수 그리스도가 이 땅에 오시고 십자가에 달리시고 부활하신 이후에는 모든 것이 바뀌었다. 이제 하나님의 언약은 율법이 아니라 예수 그리스도를 통해서 실현이 된다. 그리스도로 충분하며 그리스도를 믿는 사람들이 참된 하나님의 백성들이다. 그리스도의 은혜는 이제 유대 민족을 초월하여 모든 민족에게 확대되었다. 어두운 시대에는 율법이 촛불 역할을 하며 세상을 밝혔고, 구약 시대에는 율법이 자기 역할을 다했다. 그러나 이제는 그리스도라는 태양 빛이 비추기 시작했다. 그런데 태양 빛을 본 자가 다시 촛불로 돌아가거나 촛불도 함께 들어야 한다고 주장한다면 바울이 보기에 그는 그리스도를 제대로 알지 못하는 사람이다. 이것이 바울이 갈라디아서에서 율법주의자들에게 미혹되어 할례를 수용했던 사람들을 신랄하게 비판했던 이유다. 그들은 그리스도를 믿음으로 말미암아 얻는 구원을 무언가 부족하다는 듯이 만들어 무력화시키는 사람들이다. 바울은 할례를 행한 사람들을 향하여 차라리 그 생식기를 잘라 버리라고 매우 과격하게 말한다(갈 5:12). 그들이 할례를 주장하는 이유는 구원 때문이 아니라 박해를 면해 보고자 하거나, 육체를 자랑하려는 얄팍한 인간적 술수라고 비난한다(갈 6:12-13). 이처럼 바울은 율법에 대해서 매우 비타협적인 태도를 보였다.

예루살렘 회의

사도행전 15장의 예루살렘 회의는 이런 배경 하에서 열렸다. 교회사에서 교리 문제가 있을 때마다 공의회를 통해서 교리를 확정했듯이, 예루살렘 회의는 명실공히 첫번째 공의회에 해당한다 할 것이다. 이방 선교가 활발해지자 율법 문제가 불거졌다. 유대주의적 경향의 그리스도인들은 예수 믿는 것으로는 부족하고 모세가 명한 할례를 받아야 구원받을 수 있다고 가르쳤다. 이 때문에 바울과 바나바와 이들 사이에 다툼이 일어났다. 결국 이에 대한 해결점을 찾고자 안디옥 교회는 바울과 바나바를 예루살렘으로 파송한다.

　예루살렘 회의에서는 바리새파 그리스도인들을 중심으로 적지 않은 반발이 있었음을 보여 준다. 많은 변론이 있은 후에 베드로의 발언이 이어졌다. 베드로는 사도행전 10장의 고넬료 사건을 언급하며 하

　바울의 거침없이 담대하게

나님이 이방인에게도 차별이 없이 대하시고 성령을 주셨다고 증언한다. 모두가 동일하게 주 예수의 은혜로 구원받는다고 하며 이방인 제자들에게 율법의 멍에를 매게 하지 말자고 주장한다. 베드로를 이어서 주의 형제 야고보가 발언을 했다. 베드로가 예루살렘을 떠난 이후에 예루살렘 교회의 수장은 야고보로 바뀌었다. 야고보가 마지막에 발언하는 것은 그가 최종 결정권자임을 보여 준다. 야고보 또한 할례를 강요해서 이방인 신자들을 괴롭게 하지 말고, 최소한도의 율법 조항만 지키게 하자는 타협안을 제시한다.

야고보의 제안을 온 교회가 받아들이면서 만장일치로 다음과 같은 결정문을 채택하게 된다. "성령과 우리는 이 요긴한 것들 외에는 아무 짐도 너희에게 지우지 아니하는 것이 옳은 줄 알았노니 우상의 제물과 피와 목매어 죽인 것과 음행을 멀리 할지니라"(행 15:28-29). '성령과 우리'라는 표현은 이 교회 결정문의 권위가 성령과 예루살렘 교회에 있음을 말한다. 아무 짐도 지우지 아니한다는 것은 할례를 요구하지 않겠다는 의미다. 최소한 지켜야 할 율법 조항으로서는 첫째, 우상의 제물을 먹지 말 것, 둘째, 피 채 먹지 말 것, 셋째, 목매어 죽인 것은 의례를 따라 도살하지 않아 피가 고여 있을 가능성이 있음으로 멀리할 것, 마지막으로 음행을 피할 것. 마지막 조항은 이방인들의 문란한 사생활에 대한 윤리적 경계라 할 것이다. 바울과 그 일행들은 이 결정문을 가지고 안디옥으로 돌아왔고 문제는 일단락 된 것처럼 보였다. 누가가 그리고 있는 예루살렘 회의는 통일적이고 권위가 있다. 바나바와 바울은 이들의 권위에 순복하는 모습으로 그려진다.

그러나 바울 서신서에서 전하는 예루살렘 회의의 모습과 결론은 이와는 좀 다르다. 갈라디아서 2장 1-10절에서 바울은 자신이 직접 참여했던 예루살렘 회의에 대해서 우리에게 1차 자료의 형태로 보도하고 있다. 바울은 이때가 두번째 예루살렘 방문이었다고 밝힌다. 예루살렘을 첫번째 방문한 지(갈 1:18) 14년 후에 바울은 예루살렘을 다시 방문하였다. 연대로 따지면 AD 48, 9년 정도로 추정할 수 있다. 역시 이때 가장 중요한 문제는 할례를 비롯한 율법준수 여부였다. 바울은 할례를 주장하던 이들을 거짓 형제라고 부르고 이들과 절대 타협하지 않았다고 한다. 함께 갔던 헬라인 디도도 억지로 할례받지 않게 하였다(갈 2:3). 사도들을 대하는 바울의 태도도 매우 투쟁적이었다. 사도들을 '유력한 자들'(갈 2:2, 6), '유명하다는 이들'(갈 2:6)이라 부르며 권위를 인정하지 않는 태도를 보인다. "본래 어떤 이들이든지 내게 상관이 없으며 하나님은 사람을 외모로 취하지 아니하시나니"(갈 2:6)라는 말은 인간적 권위에 굴복하지 않고 복음의 진리에 있어서는 결코 양보하지 않겠다는 태도를 보여 준다. 바울과 바나바는 예루살렘 교회의 기둥 같은 존재들이었던 야고보와 게바와 요한과 더불어 대등하게 회의에 임했던 것이다.

그 결과 바울에 의하면 다음과 같은 몇 가지 사항이 결정되었다고 전한다. 첫째, "저 유력한 이들은 내게 의무를 더하여 준 것이 없고"(갈 2:6), 이는 그들이 더이상 할례와 같은 것을 요구하지 않았다는 뜻이다. 둘째, "도리어 그들은 내가 무할례자에게 복음 전함을 맡은 것이 베드로가 할례자에게 맡음과 같은 것을 보았고"(갈 2:7), 이는 바울의 이방인 선교가 하나님의 뜻임을 인정했다는 뜻이다. 셋째, "친교의 악수를 하였으니 우리는 이방인에게로, 그들은 할례자에게로 가게 하려 함이라"(갈 2:9). 이것이 가장 중요한 타협 사항인데 서로 예전에 해왔던 방식대로 예루살렘 교회는 유대인들에게 복음을 전하고 바울은 이방인들에게 복음을 전한다는 것이었다. 이는 선교 영역을 나누자는 것이 아니라 서로 간섭하지 않고 서로의 선교를 인정해 주자는 협정이다. 마지막으로 "우리에게 가난한 자들을 기억하도록 부탁하였으니 이것은 나도 본래부터 힘써 행하여 왔노라"(갈 2:10)고 바울은 밝힌다. 바울은 자신의 서신서 어느 곳에서도 사도행전에서처럼 네 가지 금기사항을 부과한 사도훈령과 같은 결정문에 대해서 일체 언급하지 않는다.

사도훈령에서 결정된 우상의 제물 금지 조항에 대해서 서신서에서 보여 주는 바울의 태도를 한번 보자. 우상 숭배는 바울 사도도 전적으로 금지한다. 문제는 우상의 제물인데 실제 우상의 제사에 참여하지 않더라도 우상의 제물은 시장에 내다 파는 경우가 많았다. 이런 음식 문제에 대한 바울의 태도는 확고하다. 그것은 아무것도 아니라는 것이다. "우상의 제물을 먹는 일에 대하여는 우리가 우상은 세상에 아무 것도 아니며 또한 하나님은 한 분밖에 없는 줄 아노라"(고전 8:4), "무릇 시장에서 파는 것은 양심을 위하여 묻지 말고 먹으라 이는 땅과 거기 충만한 것이 주의 것임이라"(고전 10:25-26). 이것이 바울의 자유함이다. 우상이란 실체는 없고 오직 하나님만 계신다. 세상 음식은 다 하나님께서 만드신 것이다. 그러나 바울은 자유하다고 해서 모든 것을 먹을 수 있다는 것은 아니라고 말한다. 만약 음식 때문에 형제가 실족한다면 자신은 영원히 고기를 먹지 않겠다고 선언한다(고전 8:13). 바울은 어떤 음식도 먹을 수 있는 자유가 있지만 그 자유는 형제 사랑에 의해서 제한받는 자유다. 로마서에서도 마찬가지다. 바울은 "어떤 사람은 모든 것을 먹을 만한 믿음이 있고 믿음이 연약한 자는 채소만 먹느니라"(롬 14:2)며 교회의 현실을 인정한다. 우상의 제물이든 피 채 먹는 음식이든 이제 바울의 믿음 안에서는 더이상 먹는 음식 외에 아무것도 아니다. 그러나 만약 이런 음식 문제로 형제를 실족케 한다면 믿음이 강한 자들이 양보할 것을 요구한다(롬 14:20-21). 음식보다는 사랑이 중요하기 때문이다. 하나님 나라는 먹는 것과 마시는 것에 있지 않고 "성령 안에 있는 의와 평강과 희락"(롬 14:17)이기 때문이다.

바울이 만약 사도행전 15장의 예루살렘 결정문을 그대로 수용했다면 이는 서신서에 나타났던 바울의 태도에 비하면 매우 많이 양보한 것이 된다. 바울이 전했던 복음은 우상숭배나 음행 등을 제외하고는 어떤 율법 조항에서도 자유로운 복음이었다. 바울은 아마 율법은 이 제 폐기되었다고 선언하고 싶었을 것이다. 그러나 그렇게 하기에는 율법의 위력은 여전히 강력했다. 대신 바울은 자신이 율법에 대해서 죽었다는 선언을 한다. "내가 율법으로 말미암아 율법에 대하여 죽었 나니 이는 하나님에 대하여 살려 함이라"(갈 2:19). 율법에 매이던 내 가 죽었으니 이제 나는 율법에 대해서 자유하다.

이는 율법주의자들 편에서도 마찬가지였다. 유대주의 그리스도인 들은 여전히 율법의 일부분을 포기한 것에 대한 불만이 많았다. 결국 이 문제가 다음에 언급할 안디옥 사건으로 폭발하게 되었다. 누가가 아름다운 화합의 모습으로 기술한 예루살렘 회의에는 이처럼 감추어 진 분열과 불만이 잠재되어 있었던 것이다. 누가가 보도한 예루살렘 회의 결정문이 갖는 주요한 의의를 찾는다면 양측이 한 걸음씩 양보 한 결과 이루어진 대타협의 산물이라는 점일 것이다.

안디옥 사건

화합과 통일로 마무리된 것처럼 보도했던 예루살렘 회의 이후에 누가 는 이상한 사건 하나를 끄집어낸다. 바울과 바나바가 서로 결별한 사 건이다. 사건의 발단은 이렇다. 바울이 바나바에게 자신들이 1차 선교

바티칸 베드로 대성당에 있는 〈검을 든 바울 상〉. 그는 복음의 투사였나?

기간에 전도했던 교회의 형편이 어떠한가를 돌아보자고 제안한다. 바
나바도 이에 동조한다. 그런데 그 여행에 마가라는 요한을 함께 데리
고 갈 것인지의 문제로 충돌이 생기고 말았다. 마가는 1차 선교 여행
중 버가라는 곳에서 자세한 이유는 밝히지 않은 채 바울 일행을 떠나
예루살렘으로 돌아간 일이 있었다. 바나바는 위로의 아들이라는 이름
답게 마가를 품으려고 했던지, 아니면 자신의 조카(골 4:10)를 배려하
려는 마음에서였는지 마가와 함께 동행하자고 주장했다. 이에 반해
바울은 선교 도중 무단으로 떠나 버린 자와는 함께 갈 수 없다고 하였
다. 누가는 바울과 바나바가 이 문제로 "서로 심히 다투었다"(행 15:39)

고 보도한다. 그런데 마가 문제가 심히 다투고 서로 갈라설 정도의 문제였던가? 우리는 여기서 위대한 사도들의 편협한 마음을 보며 '그들도 역시 인간이었어' 하며 위로를 받아야 할 것인가?

그렇지만 우리는 바울 자신이 쓴 서신서에서 바울과 바나바 사이의 위기가 단순한 것이 아니었음을 알 수 있다. 소위 안디옥 사건이라는 것으로 갈라디아서 2장 11-14절에 기록되어 있다. 예루살렘 회의 이후에 벌어진 사건으로 추정이 되는데 게바, 곧 베드로가 이방인 형제들과 식사를 하고 있었다. 이것은 단순한 식사가 아니라 성만찬 의식의 연장선상에서 이루어진 식사였을 것이다. 그런데 갑자기 야고보에게서 온 어떤 이들이 들이닥쳤다. 야고보는 사도행전 15장의 예루살렘 회의를 주재했던 사람으로 그는 율법을 고수하는 경향의 신앙인들을 대표한다. 이들은 할례자라고도 불렸는데 아마 이들은 할례받지 않은 이방인과 식사 교제하는 것은 유대 정결법에 어긋난다고 보았던 것 같다. 그런데 베드로가 이들을 보고 두려워서 그 자리를 떠나고 말았다. 사도행전 10장에서 음식 환상을 보았고 고넬료 가족에게 세례를 주고 함께 교제했던 베드로가 맞나 싶을 정도로 그는 율법주의자들의 눈치를 보았던 것이다. 이러한 베드로의 행동에 함께 식사하던 유대인 그리스도인들도 눈치를 보며 자리를 떠났고, 심지어 바나바도 이에 동조했던 것이다.

이런 상황 속에서 이방인 그리스도인들이 느꼈을 당혹감을 생각해

보라. 베드로와 바나바마저 자신들과의 식사 교제를 불법처럼 생각한다면, 자신들이 정말 구원받은 것이 맞는 것인가? 믿음만으로는 부족하고 추가로 할례를 받아야 하고, 유대 정결법도 지켜야 하는 것이 옳은 것이 아닌가 하고 혼란스러웠을 것이다. 이 사건을 매우 심각한 사태라고 판단한 바울은 베드로를 공개 석상에서 책망했다. 11절에 "내가 그를 대면하여 책망하였노라"는 말이 그것이다. 그 책망한 내용은 14절에 나와 있다. "네가 유대인으로서 이방인을 따르고 유대인답게 살지 아니하면서 어찌하여 억지로 이방인을 유대인답게 살게 하려느냐." 라틴어 불가타 판을 처음으로 번역했던 성 히에로니무스는 자신들의 수장으로 생각했던 교황 베드로가 바울에게 책망받는 장면이 당황스러웠던지 11절의 '대면하여'를 '일부러 꾸며서'로 바꾸어 번역하였다. 마치 서로 짜고 신도들을 교육하기 위해서 그런 쇼를 벌였던 것처럼 두 사도를 보호하고 있다.

율법에 대한 판단을 기초로 초대교회 세력을 구분해 보면 양 극단에 바울과 야고보가 있고, 베드로와 바나바는 중도에 속했던 것으로 보인다. 바울은 율법에 대해서 투쟁적으로 싸웠고, 반면에 베드로와 바나바는 당시 상황상 율법에 포용적인 입장을 보였던 것 같다. 이 싸움의 결과는 어떻게 되었을까? 아마 바울이 안디옥을 떠나 이방인 선교를 위해 본격적으로 뛰어드는 계기가 되었던 듯하다. 더이상 율법에 포용적인 입장을 취하는 안디옥에 머물 수 없었다. 이후 바울의 선

바울의 거침없이 담대하게

교 여정에서 안디옥은 더이상 중요성을 갖지 않게 된다. 교회사를 보면 안디옥은 오히려 베드로 노선이 지속되었던 것으로 보인다. 학자들은 마태복음이 안디옥에서 기록되었을 것으로 추정한다. 마태복음은 다른 어떤 복음서보다 율법을 옹호하고 율법의 참된 계승자로서 교회를 부각시키고 있다.

디모데에게 할례를 베풀다

한 가지 더 짚고 넘어가야 할 것은 바울이 루스드라 출신의 디모데에게 할례를 베푼 일이다(행 16:3). 사실 디모데는 출신이 묘했다. 아버지는 헬라인이지만 어머니는 유대인이기 때문이다. 이 경우 유대인들은 모계가 유대인이면 유대인으로 인정한다. 그런데 디모데는 유대인이면서 할례를 받지 않았다. 누가는 "그 지역에 있는 유대인으로 말미암아"(행 16:3) 디모데에게 할례를 행했다고 보도한다. 디모데를 데리고 선교를 가야 하는데 유대인들의 반발을 무마하기 위해서 할례를 행한 것이다.

누가는 아무렇지도 않은 듯이 보도하고 있지만 사실 심각한 문제였다. 바울이 디모데에게 할례를 준 것은 이방인들에게 "아무 짐도 지우지 않겠다"는 15장의 사도훈령을 위반하는 행위이기 때문이다. 할례를 더이상 요구하지 않기로 했는데 그것을 수용한 모양새가 되어 버렸다. 물론 디모데는 유대인이기 때문에 할례받아도 무방하다고 주장할 수 있다. 그러나 할례 문제에 대해서 극한적으로 투쟁해 왔던 그간의 바울의 태도와는 다르다. 바울은 갈라디아서에서 "형제들아 내가 지금까지 할례를 전한다면 어찌하여 지금까지 박해를 받으리요 그리하였으면 십자가의 걸림돌이 제거되었으리니"(갈 5:11)라고 밝힌 바도 있다.

다른 한편 우리는 바울이 할례를 수용할 수 있었다는 다른 견해를 인용할 수도 있다. 고린도전서의 말씀이다. "유대인들에게 내가 유대인과 같이 된 것은 유대인들을 얻고자 함이요 율법 아래에 있는 자들에게는 내가 율법 아래에 있지 아니하나 율법 아래 있는 자 같이 된 것은 율법 아래에 있는 자들을 얻고자 함이요"(고전 9:20). 바울은 유대인들을 얻기 위해 유대인처럼 행세했다고 한다. 디모데는 유대인이므로 유대인들 선교에 방해가 되지 않기 위해 할례를 행했다고 볼 수도 있다. 바울에게는 더이상 할례와 무할례가 중요하지 않게 되었고, 율법은 이제 관습적인 의미만을 가지고 있기 때문이다.

그렇다 할지라도 바울 당시에 할례 문제는 단지 관습 정도의 문제가 아니었다. 율법의 핵심에 할례가 있다. 율법에 대항하여 가열차게 싸워왔던 바울이 디모데 문제에 있어서는 타협적인 모습을 보이고 있다. 실제 사정은 알 수 없다. 그러나 한 가지 분명한 것은 디모데에게 할례를 준 것은 매우 비상한 사건이었다는 점이다. 누가는 바울이 디

바울의 거침없이 담대하게

모데에게 할례를 베풀었다는 사실을 언급함으로써 바울을 율법에 대해서 매우 옹호적인 인물로 그리고 있다.

2차 선교 여행

갈라디아 교회

바나바와 헤어진 바울은 실라, 디모데와 함께 2차 선교 여행을 떠난다. 2차 선교 여행은 그리스, 곧 유럽 중심의 선교다. 바울 독자적인 선교 여행이며, 바울 중심의 이방인 교회가 탄생하는 계기가 되었다. 바울은 수리아와 길리기아에 있는 교회들을 방문하며 견고히 한다(행 15:41). 이쪽 지역은 바울이 안디옥에서 본격적으로 선교 사역을 시작하기 전, 곧 바울의 생애 초기에 복음을 전했던 지역으로 추정된다. "그 후에 내가 수리아와 길리기아 지방에 이르렀으나"(갈 1:21).

이어서 더베, 루스드라, 이고니온 등 1차 선교 때 개척했던 교회들을 방문한다. 바울 생애에서 결정적 사건 중 하나가 루스드라에서 일어나는데 그것은 디모데를 만난 것이다. 바울은 디모데를 동역자로(롬 16:21), 형제로(고후 1:1, 몬 1:1), 내 사랑하고 신실한 아들로(고전 4:17) 부르며 "자식이 아버지에게 함같이 나와 함께 복음을 위하여 수고한" (빌 2:22) 자로 소개한다. 디모데는 고린도후서, 빌립보서, 골로새서, 데살로니가전후서, 빌레몬서 등 바울 서신서에서 공동 집필자로 등장 한다. 디모데전후서는 에베소의 지도자로 있는 디모데에게 바울이 보 내는 목회 지도 서신의 형태로 기록되었다. 디모데는 바울의 수족처 럼 움직였는데 바울을 대신해 데살로니가 교회를 왕래했으며(살전 3:2, 6), 에베소에서 지중해를 넘나들며 고린도전서(4:17)와 빌립보서 (2:19)를 전했던 인물이다. 바울의 마지막 유서처럼 된 로마서에서도 디모데는 바울과 함께한다(롬 16:21). 디모데후서는 마치 바울 사도 노 년을 보는 듯한데 바울은 아들처럼 생각하는 디모데에게 "너는 겨울 전에 어서 오라"(딤후 4:21)고 간곡히 요청하고 있다. 바울은 선교 과정 내내 독신으로 살았다. 그러나 인간은 홀로 살 수 없다. 바울은 아내가 없었지만 디모데와 같은 동역자요 믿음의 아들이 있었기에 모진 박해 와 외로움을 이기고 끝까지 증인의 삶을 살 수 있었을 것이다.

사도행전에 의하면 바울 일행은 아시아 쪽으로 선교를 가려고 했 는데 성령이 말씀을 전하지 못하도록 막았다고 전한다(행 16:6). 아시 아 쪽은 아마도 에베소를 말할 것이다. 모든 길은 로마로 통한다는 말 이 있듯이 로마인들은 도로를 만드는 일을 매우 중요하게 생각했다.

유사시에 개통된 도로로 군대를 신속히 보내어 진압할 수 있기 때문이다. 로마인들이 만든 도로 덕분에 여행은 편하고 안전해졌다. 에베소는 아시아의 관문으로서 가장 번화한 항구 도시였다. 에베소에서 라오디게아를 거쳐 비시디아 안디옥, 이고니온, 루스드라, 더베, 다

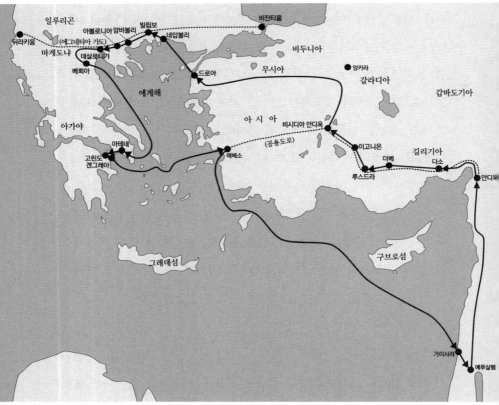

바울의 2차 선교 여행

바울의 거침없이 담대하게

소, 수리아의 안디옥에 이르는 도로를 '공용 도로(common route)' 라고 부른다. 1차 선교지는 바로 이 공용 도로 상에 위치한 도시들이었다. 이 도로를 따라 가면 에베소까지 이를 수 있었지만 성령이 이쪽으로 향하는 것을 막았다. 에베소 선교는 3차 선교로 미루어졌다.

이쪽으로 가는 길이 막히자 바울 일행은 브루기아와 갈라디아 땅을 지나갔다고 전한다. 사도행전에서는 단순히 지나간 것으로 설명하고 있지만 바울은 이곳에서도 복음을 전한 것 같다. 누가는 3차 선교여행 때 에베소로 가는 길에 바울이 "갈라디아와 브루기아 땅을 차례로 다니며 모든 제자를 굳건하게 했다"(행 18:23)고 전한다. 그렇다면 이곳이 바울의 갈라디아서의 무대가 되었던 갈라디아 교회였을 가능성이 높다.

갈라디아라고 할 때 바울 시대에는 두 개의 명칭으로 불렸다. 원래는 소아시아 북부 내륙 지역을 가리키는 지방 이름이었는데, 로마가 행정구역을 재편하면서 남쪽의 비시디아 안디옥, 이고니온, 루스드라, 더베가 다 포함된 주(州) 명칭으로 확대되었다. 여기서는 원래 지방 이름인 북부 내륙 지역의 갈라디아인들(갈 3:1)의 교회일 가능성이 높다.

갈라디아 교회를 개척할 때 바울은 건강한 상태가 아니었다. 바울은 갈라디아에 복음을 전할 때의 상황을 다음과 같이 전한다. "내가 처음에 육체의 약함으로 말미암아 너희에게 복음을 전한 것을 너희가 아는 바라"(갈 4:13). 몸이 약한 것은 복음전도자에게 치명적인 약점일 수도 있다. 구원과 부활의 복음을 전하면서 정작 본인은 병을 앓고 있다면 누가 그 복음에 귀 기울이겠는가. 그런데 갈라디아 교인들은 착했다. 바울을 업신여기거나 버리지 않았으며 오히려 바울을 하나님의 천사와 같이, 그리스도 예수와 같이 영접했다고 한다. "너희를 시험하는 것이 내 육체에 있으되 이것을 너희가 업신여기지도 아니하며 버리지도 아니하고 오직 나를 하나님의 천사와 같이 또는 그리스도 예수와 같이 영접하였도다"(갈 4:14). 바울은 고린도후서에서도 자신의 육체적 질병에 대해서 언급한 바 있다. "내 육체에 가시 곧 사탄의 사자를 주셨으니 이는 나를 쳐서 너무 자만하지 않게 하려 하심이라"(고후 12:7). 육체의 가시가 신체적 질병일 가능성이 높은데 정확히 어떤 병인지는 알 수 없다. 가장 유력한 후보로 간질병이 언급되기고 하고 그 외 눈병, 파상열, 말라리아, 신경쇠약, 언어장애 등을 들기도 한다. 바울은 이 병이 자기에게서 떠나기를 세 번 기도했다고 한다. 세 번 기도했다는 것은 단순히 세 번 기도했다는 것이 아니라 간절하게 작정하고 기도했다는 뜻일 것이다. 그러나 주님은 그 병을 치유해 주지 않으셨다. 대신 "내 은혜가 네게 족하도다 이는 내 능력이 약한 데서 온전하여짐이라"(고후 12:9)는 응답을 받았다. 바울을 교만하지 않게 하고 오히려 하나님만 의지하도록 만들게 하려는 뜻이었다. 갈라디아 교회의 선교는 바울의 약함이 오히려 복음의 능력으로 나타난 경우였다 할 것이다.

유럽 선교의 출발점, 드로아

갈라디아를 거쳐 북쪽에 있는 비두니아 지방으로 가려고 했지만 이번에도 예수의 영이 허락하지 않았다. 결국 바울은 남쪽으로도, 북쪽으로도 못가고 쭉 서쪽으로 진행해 에게 해에 면한 드로아에 이르게 된다. 에게 해 건너편이 곧 그리스다. 결국 하나님이 바울의 길을 막아 2차 선교지로 유럽을 향하도록 만든 것이다.

드로아는 사도행전에서 매우 특별한 위치를 차지하고 있다. 드로아는 유럽 선교의 출발점이다. 바울 일행이 드로아에 도착했을 때 밤중에 환상을 보게 된다. 마게도냐 사람 하나가 서서 "마게도냐로 건너와서 우리를 도우라"(행 16:9)는 환상이었다. 바울 일행은 이것을 그리스 지역에 복음을 전하라는 뜻으로 해석한다. 바울은 또한 3차 선교 여행을 마치고 예루살렘으로 가는 도중에 드로아에 있는 교회에 들러 강론한 바 있다. 이때 강론을 듣던 유두고란 청년이 다락에서 떨어져 죽었는데 바울이 그를 다시 살리는 놀라운 기적을 행한다.

사실 드로아는 그레코-로만 사회에서 매우 유명한 도시였다. 드로아에는 고대 도시 트로이(Troy)가 있었다. 트로이는 그리스 연합군과 트로이 군대가 10년 동안 전쟁을 했다는 전설을 간직한 도시다. 전쟁 과정에서 보였던 영웅들의 행적과 전쟁 이후의 유랑 과정은 호머 (Homer)의 서사시 《일리아드》와 《오디세이아》에 기록되어 있다. 호머의 이 작품은 고대인들이 가장 사랑했으며, 연극으로 끊임없이 재현되었다. 고대의 역사가나 문필가들은 호머의 문체나 표현 기법, 구절들을 자신의 작품에서 반복하거나 모방하려고 노력했다. 이중 라틴시인 베르길리우스(Publius Vergilius Maro)는 두 작품을 모방하여 로마의 건국 서사시 《아이네이스》란 작품을 아우구스투스 황제 집권기인 BC 29-19년에 완성했다. 《아이네이스》는 트로이의 장군 아이네아스가 트로이 전쟁에서 패한 후 방랑 끝에 이탈리아에 도착하여 고대 로마를 건국하는 과정을 그리고 있다. 베르길리우스는 이 작품에서 로마의 정통성을 트로이에서 찾고 있다. 트로이의 전통을 계승한 로마 제국임을 부각시켜 로마 제국을 고대사의 전통과 연결시키고, 신의 섭리 하에 탄생한 로마 제국의 영광을 고취하고, 이를 바탕으로 로마 시민의 단결을 촉구했던 것이다. 로마인들의 트로이 사랑은 각별해서 시저(Caesar)는 수도를 로마에서 트로이의 향취를 간직한 드로아로 옮기려 했었고, 이런 움직임은 아우구스투스 시대에도 계속되었다.

누가가 그리고 있는 사도행전은 《아이네이스》와 유사한 구조를 가지고 있다. 《아이네이스》가 트로이를 기원으로 해서 로마 제국 건설에 이르는 과정을 서술하고 있다면, 사도행전은 예루살렘에서 기원한

바울의 거침없이 담대하게

드로아(Alexandria Troas) 항구의 유적, 멀리 에게 해로 이어진다. ⓒ 홍순화

복음이 로마에 정착하는 과정을 그리고 있다. 사도행전에서 땅 끝은 로마이며 바울은 로마 건국의 영웅 아이네아스처럼 역경을 딛고 로마에 복음을 전한 신앙의 영웅이다. 드로아는 이처럼 트로이라는 고대 도시의 상징성을 간직한 곳이었다. 바울의 유럽 선교는 이곳에서부터 본격적으로 시작된다고 볼 수 있다. 드로아에서 출발해서 바울 일행을 싣고 그리스로 건너가던 배는 단순한 배가 아니었다. 역사학자 토인비(Arnold J. Toynbee)는 바울을 태우고 가던 배 안에 유럽 문명이 있었다고 말한다.

'우리(We)' 구절

드로아의 중요성은 여기서부터 처음으로 '우리(we)' 구절이 시작되고 있다는 점에서도 확인할 수 있다. 16장 10절부터 "우리가 곧 마게도냐로 떠나기를 힘쓰니" 하면서 1인칭 복수 화법이 등장한다. 그동안 사도행전은 3인칭 전지적 작가 시점에서 기록이 되었다. 그런데 갑자기 그 화자가 주인공으로 등장하여 바울의 선교에 동참한다. 이렇게 시작한 '우리' 화법은 빌립보로 함께 건너가서 귀신들린 종과 대결하는 장면에서 슬그머니 사라진다(행 16:17). 두번째 우리 구절은 바울이 3차 선교를 마치고 마게도냐를 거쳐 예루살렘으로 가려 할 때 또 갑자기 등장한다. "그들은 먼저 가서 드로아에서 우리를 기다리더라"(행 20:5). 이 '우리' 화법은 드로아를 거쳐 예루살렘에 이르기까지 계속된다. 바울이 예루살렘에 도착해서 "형제들이 우리를 기꺼이 영접하거늘"(행 21:17)이란 서술과 함께 또 말없이 사라진다. 세번째 '우리' 구절은 가이사랴 구류 중에는 나타나지 않다가 바울이 로마를 향해 가이사랴를 출항할 때 "우리가 배를 타고 이달리야에 가기로 작정되매"(행 27:1) 하며 갑자기 등장한다. 이 우리 일행은 바울과 함께 난파 과정에 함께했으며 멜리데에서 겨울을 나고 로마에 도착하여 "우리가 로마에 들어가니"(행 28:16) 하면서 사라진다.

'우리'의 정체에 대해서 학자들 간에는 많은 논란이 있었다. 일반적인 해석은 '우리' 화법이 시작된 순간부터 사도행전의 저자인 누가가 바울의 선교 과정에 동참했다는 것이다. 그렇지만 누가는 왜 자신의 참여를 '나'라고 드러내지 않고 아무런 설명 없이 갑자기 등장시키는 것일까? 누가의 참여가 맞다면 누가는 바울의 선교 과정 내내 참여하지 않고 간헐적으로만 참여했다는 결론을 내릴 수 있나? 그렇다면 누가는 주로 바울이 배로 여행하는 과정 동안만 동행한 것이 된다. 이런 해석과는 달리 '우리' 구절이 주로 배로 항해하는 과정과 그 체류지들을 많이 언급하고 있는 것에 착안하여 누가가 입수한, 바울의 선교 여정을 간략히 기록한 어떤 여행일지가 있었을 것이라고 추론하는 사람도 있다. '우리' 구절은 그 여행일지를 그대로 옮기면서 생긴 현상이라는 것이다. 편집 비평 계열의 학자들은 누가가 마치 자신이 이 여행에 참여했던 것처럼 꾸미려고 '우리' 화법을 집어넣었다고 주장하기도 한다. 그러나 문제는 오히려 이런 행위가 저자의 공신력을 높이기보다는 더 떨어뜨린다는 점이다. 1인칭 화법을 사용하지 않는 다른 부분들이 신빙도가 떨어지는 자료로 전락하기 때문이다. 누가에게 그런 의도가 있었다면 보다 분명히 자신의 참여를 밝히는 것이 좋았을 것이다.

최근 주목받는 해석은 누가의 여행 참여의 사실성 여부를 떠나 '우리' 화법이 가져다주는 문학적 효과에 대한 것이다. 사도행전에 대한 탁월한 연구자 핸헨(E. Haenchen)은 이 부분을 주석하며 이렇게 말한 바 있다. "독자들은 16장 10절에서 '우리'를 읽었을 때 별다른 생각 없이 이 선교자들의 집단과의 공동성을 느꼈을 것이고 또 그들의 운명을 자신들의 운명으로 느꼈을 것이다"(국제성서주석, 《사도행전Ⅱ》, 148).

'나'나 '그'라는 단어를 사용하다 '우리'라는 단어가 등장하는 순간 독자들은 무의식적으로 그 장면에 함께 동참하게 된다. 사도행전 독자들은 이방인 교회에 소속된 독자들일 것이다. 그들은 드로아에서 드디어 유럽으로 넘어오는 이 장면에서 어느 날 갑자기 자신들의 운명을 송두리째 바꾸어 버렸던 바울과 그가 전했던 복음이 가까이 다가오고 있음을 느꼈을 것이다. 그런 점에서 이 장면에서 화법을 '우리'로 바꾼 것은 누가의 탁월한 솜씨라 할 것이다. 이제부터 독자들은 바울 일행과 하나가 된다.

또 한 가지 언급할 효과는 '우리' 화법이 가지고 있는 집단성이다. '우리' 화법이 처음 시작된 곳은 드로아다(행 16:11). 드로아에서 마케도니아 사람의 환상을 보고 배를 타고 그리스 지역으로 넘어간다. 빌립보에 이른 '우리' 일행은 멈추고 16장 18절 이하부터 사라졌다가 20장 5절부터 다시 등장한다. 이 사이에 바울은 그리스 지역을 선교하고, 에베소 지역에서는 2년 넘게 복음을 전한다. 마치 16장에서 처음 드로아에서 등장한 후 마케도니아 지역에 오랫동안 머물렀던 '우리' 일행이 마케도니아에서 드로아로 건너는 장면에서 합류한다고 볼 수 있다. 이 일행은 예루살렘 귀환 길에 밀레도에서 바울의 설교를 듣기도 하며 가이사랴를 거쳐 예루살렘에 이른 후 사라진다. 2년간의 바울의 재판 기간 동안 침묵했던 '우리' 일행은 로마로 항해하기 위해 가이사랴에서 출발할 때 다시 등장한다. 예루살렘과 가이사랴는 장소적 연결성이 있다. '우리' 일행은 바울의 항해와 난파를 함께 겪으며 마침내 로마에 이른다. '우리' 화법과 관련해서 주목해야 할 것은 '우리' 화법이 시작과 끝나는 시점이다. 누가는 '우리' 화법을 드로아에서 처음 사용한 이래 로마에 이르기까지 매우 일관성 있게 사용하고 있다. 마치 '우리'라는 공동체가 드로아에서 출발하여 배를 타고 오랜 시간 끝에 로마에 도착하기까지의 여행을 그리는 듯하다.

'우리' 화법의 클라이맥스는 로마 도착 순간이다. 이 장면에서 다른 어떤 곳보다 '우리' 화법이 쏟아진다. "우리는 항해했다"(행 28:11), "우리는 머물렀다"(12), "우리는 도착했다"(13a), "우리는 갔다"(13b), "우리는 초청을 받았다"(14a), "우리는 로마에 갔다"(14b), "우리에 관한 소식을"(15), "우리는 로마로 들어갔다"(16). 여기에 더하여 로마에 있던 믿음의 형제들이 로마에서 65킬로미터 떨어진 압비오 광장과, 50킬로미터 떨어진 트레이스 타베르네까지 마중을 나온다(15). 마치 개선장군을 환영하는 것 같다.

이런 점에서 보면 사도행전에서 묘사되는 바울은 개인적 영웅이 아니라 집단적 영웅이다. 고대 세계에서는 두 유형의 영웅이 있었다. 하나는 《오디세이아》의 주인공 오디세우스, 다른 하나는 《아이네이스》의 주인공 아이네아스 유형이다. 오디세우스는 개인적 영웅이다. 그는 트로이 전쟁 후 바다에서 오랜 세월 방랑하다 고향인 이타카로 귀향하는데 부하들을 잃고 홀로 귀환한다. 돌아와서도 단독의 영웅적 투쟁으로 자신의 왕국을 되찾는다. 아이네아스는 집단적 영웅이다. 아이네아스 또한 트로이 전쟁 후 방랑하다 이탈리아로 건너가서 로마 제국의 전신이 되는 왕국을 세운다. 그렇지만 아이네아스는 항상 동료들과 함께한다. 건국이라는 과정은 홀로 할 수 없기 때문이다. 로마는 하루아침에 이루어진 것이 아니다. 로마는 수많은 영웅들과 이름 모를 군중들의 희생 위에 세워졌다. 이는 헬라의 개인주의적 성향과 로마의 집단주의적 성향을 잘 대비시켜 준다. 바울은 이중 아이네아스 형의 집단적 영웅이다.

'우리' 구절들이나 바울의 활약상을 보면서 우리는 한 개인을 연상해서는 안 될 것이다. 바울이라는 인물이 의미가 있는 것은 그가 그리스도의 증인이요, 그렇게 탄생된 기독교 공동체의 선구자적 인물이었기 때문이다. 누가가 바울을 영웅적인 모습으로 서술하는 이유는 단순히 그를 미화하기 위해서가 아니다. 누가에게는 하나님의 뜻과 복음이 보다 중요했고 바울은 이를 위해 하나님의 손에서 전적으로 사용되었기에 그를 높이고 있는 것이다. 누가는 바울을 개인 바울이 아니라 교회와 함께하는 바울로 보기를 독자들에게 요청하고 있다. 바울의 선교는 홀로 이루어진 것이 아니다. '우리' 일행이 함께 참여했

바울의 거침없이 담대하게

으며, 이들이 바울의 사역이 하나님의 뜻과 능력으로 이루어진 일이었음을 확증하는 역할을 한다. 더 나아가 누가는 사도행전을 읽는 독자들도 이 선교 여행에 참여하기를 원한다. 독자들은 방관자로 머물러서는 안 된다. 독자들도 바울이 복음을 전하는 현장에, 배가 난파되어 생사를 넘나드는 그 긴박한 순간에, 복음이 제국의 심장부인 로마로 입성하는 감격스런 장면에 동참할 것을 요구한다.

빌립보 선교

바울과 우리 일행은 마게도냐 사람의 환상을 본 후 배를 타고 에게 해를 건넌다. 중간에 있는 섬인 사모드라게를 경유하여 그리스의 첫 항구인 네압볼리에 도착한다. 빌립보는 여기서부터 16킬로미터 떨어졌는데 누가는 그곳을 마게도냐의 첫 성이요 로마의 식민지라고 부른다. 식민지의 시민들은 주로 이주민들에 의해서 구성되었는데 총독령에 속한 다른 도시들과는 달리 도시 자치가 보장되었으며, 공물과 세금을 내지 않는 면세권을 부여받았고, 로마 시민들과 동일한 권리를 누렸고 로마법의 지배를 받았다.

그러나 이곳에는 유대교 회당이 눈에 띄지 않았던 것 같다. 바울은 안식일에 기도처가 어디 있는가 찾다가 강가에 이르게 된다. 그곳에서 만난 여인들에게 복음을 전하자 그중 자색 옷감 장사 루디아라는 여자가 예수를 영접하게 된다. 이 여자는 이방인이었지만 하나님 경외자였고, 자색 옷감을 파는 것으로 보아 어느 정도 재력이 있었던 여인으로 추정된다. 루디아뿐만 아니라 그 집에 있는 모든 사람이 세례를 받았고, 바울 일행을 강권하여 자기 집에 머물게 한다. 루디아의 집이 교회가 되어 빌립보 교회는 창립되었다. 빌립보 교회는 특히 여성 신도들의 활약이 두드러졌던 듯하다. 바울 사도가 빌립보서를 썼던 중요 이유 중 하나는 빌립보 교회 여성 지도자들인 유오디아와 순두게의 다툼 때문이었다(빌 4:2). 바울은 이어서 "복음에 나와 함께 힘쓰던 저 여인들을 도우라"(빌 4:3)고 특별히 부탁을 하고 있다.

빌립보 선교는 귀신을 축출한 사건 때문에 장애에 부딪친다. 점치

바울이 갇혔던 빌립보 감옥

　　　　　　　　　　　　　바울의 거침없이 담대하게

는 귀신 들린 여종이 바울 일행을 따라다니며 "이 사람들은 지극히 높은 하나님의 종으로서 구원의 길을 너희에게 전하는 자라"(행 16:17)고 소리지른다. 마치 귀신들이 예수님을 알아보고 "당신은 하나님의 아들이니이다"(막 3:11)고 외치던 것과 유사하다. 여러 날 바울을 괴롭게 하자 바울은 예수 그리스도의 이름으로 귀신을 축출해 버린다. 누가는 이를 통해서 귀신보다 더 월등한 바울과 예수 그리스도의 능력을 돋보이게 한다.

그러자 이 귀신을 이용해서 점을 치던 주인들이 수입원이 끊어진 것을 알고 바울 일행을 도시를 소란하게 만들며, 로마 시민들에게 선교했다는 이유로 관리들에게 고발한다. 끌려간 바울은 제대로 된 재판 절차도 밟지 못하고 옷이 벗긴 상태에서 심한 매질을 당한다. 그런 후 깊은 감옥에 가두고 발에 차꼬를 단단히 채워 버렸다. 바울 일행을 중죄인 취급한 것이다. 바울은 이때 왜 로마 시민권을 보이며 자신이 로마 사람임을 증명하지 않았을까? 바울은 후에 데살로니가전서에서 자신이 당했던 일을 다음과 같이 전한다. "너희가 아는 바와 같이 우리가 먼저 빌립보에서 고난과 능욕을 당하였으나 우리 하나님을 힘입어 많은 싸움 중에 하나님의 복음을 너희에게 전하였노라"(살전 2:2).

바울은 억울했을 것이다. 그러나 고난 속에서도 기도하고 하나님을 찬양했을 때(행 16:25) 놀라운 일이 일어났다. 이들이 찬양을 하자 갑자기 큰 지진이 나서 옥터가 움직이고 옥문이 열리며 모든 사람을 매고 있던 차꼬들이 풀리는 기적이 일어났다. 성급한 간수는 이 모습을 보고 죄수들이 다 도망한 줄로 생각하고 자결하려 하였다. 이 낌새를 알아챈 바울이 간수를 만류한다. 바울의 놀라운 능력을 알게 된 간수는 바울 앞에 엎드린다. 호칭도 한글 성경에서는 '선생'으로 번역했지만 원문은 '퀴리오스', 곧 '주여'로 바뀐다. 루스드라에서 신처럼 취급받았던 바울이 또 한 번 높임을 받는다. 이를 계기로 바울은 간수와 그 집 모든 사람에게 복음을 전한다. 간수는 밤중에 자기 집으로 데려가 바울과 실라의 피가 흐르는 등의 상처를 씻고, 동일한 샘물로 그 자리에서 온 가족과 함께 세례를 받는다. 고난이 오히려 바울을 높이고 복음을 전하는 계기가 된 것이다.

바울은 여기에서 그치지 않고 로마 시민인 자신들을 정식 재판 절차도 거치고 않고 공중 앞에서 때리고 옥에 가둔 일에 대해서 그 시의 치안관들에게 항의한다. 로마법의 일종인 포르키아 법(porcia)과 율리아 법(julia)에 의하면 로마 시민에게 매질을 하거나 심문하기 위해서 고문을 가하는 것은 금지되어 있었다. 이 때문에 자신들의 불법 행위를 두려워한 치안관들은 바울과 실라를 석방하고 그 도시를 떠날 것을 요청한다. 바울 일행은 당당히 옥을 나와서 루디아 집에 있는 성도들을 방문한 후 다시 선교하러 떠난다. 이처럼 누가는 바울이 로마 제국에 불법한 사람이 아니었음을 증명하는 데 많은 노력을 기울이고 있다.

바울과 빌립보 교회 간의 관계는 빌립보서에 보다 자세히 기록되어 있다. 빌립보서는 옥중서신이라 불린다. 바울이 감옥에 갇혀서 쓴 서신이기 때문이다. 감옥 후보지로 에베소, 가이사랴, 로마 세 군데가 거론되지만 거리 관계상 에베소 감옥이 가장 유력하다. 감옥에 있지만 빌립보서는 기쁨의 서신이라 불릴 정도로 바울은 기쁨에 넘쳐서 편지를 쓰고 있다. 바울은 짧은 서신이지만 '기쁨' '기뻐하라' 는 단어를 모두 16회나 사용하고 있다. 바울이 옥중에서도 기뻐할 수 있었던 이유는 무엇보다 빌립보 교인들 때문이다. 바울은 빌립보 교인들을 "나의 사랑하고 사모하는 형제들, 나의 기쁨이요 면류관인 사랑하는 자들아"(빌 4:1)라고 부른다. 빌립보 교회는 생각만 해도 기쁜 공동체였다. 빌립보 교회는 무엇보다 바울 사도를 물질적으로 많이 도왔다. 바울은 자비량 선교를 했기 때문에 복음을 전하는 현장에서는 해당 교회로부터 경제적인 지원을 받지 않았다. 그러나 해당 선교지를 떠나서는 후원하는 헌금은 받았다. 빌립보 교회는 탄생한 지 얼마 되지 않은 교회였지만 바울이 유럽에서 두번째 선교지인 데살로니가에서 복음을 전할 때도 물질적인 도움을 주었다. "빌립보 사람들아 너희도 알거니와 복음의 시초에 내가 마게도냐를 떠날 때에 주고받는 내 일에 참여한 교회가 너희 외에 아무도 없었느니라 데살로니가에 있을 때에도 너희가 한 번뿐 아니라 두 번이나 나의 쓸 것을 보내었도다"(빌 4:15-16).

빌립보 교인들의 사랑은 바울 사도가 감옥에 갇혀 있을 때도 변함이 없었다. 바울이 옥에 갇혔다는 소식을 듣고 빌립보 교회는 에바브로디도와 함께 물질을 보냈다. "에바브로디도 편에 너희가 준 것을 받으므로 내가 풍족하니 이는 받으실 만한 향기로운 제물이요 하나님을 기쁘시게 한 것이라"(빌 4:18). 또한 에바브로디도로 하여금 옥중에 있는 바울을 시중들게 했다. 그런데 에바브로디도가 그만 이곳에서 심각한 병이 들고 말았다. 그가 병들었다는 소식이 빌립보 교회에 들리자 빌립보 교인들 모두가 근심에 빠졌다. 그러나 다행히 하나님께서 긍휼히 여기셔서 에바브로디도를 낫게 해 주셨다(빌 2:25-28). 빌립보서는 건강을 회복한 에바브로디도를 빌립보로 돌려보내며 바울이 쓴 서신이다. 유럽 땅에서 첫번째로 탄생한 빌립보 교회는 이처럼 사랑이 풍성한 교회로 성장했던 것이다.

데살로니가 교회

바울 일행은 에그나티아 가도(via Egnatia)를 따라서 서쪽 방향으로 나아가 암비볼리와 아볼로니아를 지나 빌립보에서 150킬로미터 떨어진 데살로니가에 도착한다. 데살로니가는 마게도냐 속주의 수도이며 총독이 거주하는 큰 도시였다. 빌립보와는 달리 그곳에는 유대인의 회당이 있었다. 바울은 이곳에서 세 안식일 동안 강론을 했다고 한다. 매주 안식일이 되면 유대인들이 회당에 모이는데 그때 복음을 전했다는

바울의 거침없이 담대하게

것이다. 그렇다면 바울은 평일에는 무엇을 했을까? 누가는 굳이 중요하지 않다고 생각하는 일들은 생략하고 핵심 사실만 전하고 있지만, 바울 서신서에서는 바울의 일상적인 모습을 얼핏 전하고 있다. 데살로니가전서에서는 복음을 전하던 당시의 상황을 이렇게 설명한다. "형제들아 우리의 수고와 애쓴 것을 너희가 기억하리니 너희 아무에게도 폐를 끼치지 아니하려고 밤낮으로 일하면서 너희에게 하나님의 복음을 전하였노라"(살전 2:9). 바울은 데살로니가 성도들에게 폐를 끼치지 않으려고 자기 손으로 밤낮으로 일했다. 그리고 아마 뜨거운 한낮의 쉬는 시간이나 일하지 않는 안식일에 주로 복음을 전했던 것 같다. 그래도 바울 일행의 재정은 넉넉하지 않았다. 이런 곤궁한 형편을 알고 빌립보 교회에서 여러 번 바울을 후원했던 것이다(빌 4:16).

바울의 선교는 성공적이었다. 큰 무리의 경건한 헬라인들과, 아마 이들도 유대인 회당을 출입하던 하나님 경외자들이었을 텐데, 적지 않은 귀부인들이 바울과 실라를 따랐다고 한다. 데살로니가전서에서는 이들이 하나님 말씀을 받을 때의 상황을 다음과 같이 설명한다. "우리가 하나님께 끊임없이 감사함은 너희가 우리에게 들은 바 하나님의 말씀을 받을 때에 사람의 말로 받지 아니하고 하나님의 말씀으로 받음이니 진실로 그러하도다 이 말씀이 또한 너희 믿는 자 가운데에서 역사하느니라"(살전 2:13). 고된 노동으로 지친 사람의 입으로 복음을 전했지만 그들은 마치 하나님의 말씀을 받는 것처럼 대했던 것이다.

그러자 이를 시기한 유대인들이 바울 일행을 괴롭히기 시작했다. 불량한 무리를 이끌고 야손의 집을, 야손은 유대인으로서 믿음을 갖게 되었고 자기 집을 교회로 내어놓았던 사람으로 추정되는데, 그 집을 급습했지만 바울 일행을 찾지 못하자 야손과 형제들을 그 성 치안관 앞으로 데려갔다. 그들이 고발한 내용은 바울 일행이 천하를 소란케 한다는 것과 가이사 외에 다른 임금 예수를 전한다는 것이었다. 고발한 내용 모두 심각한 죄목들이었다. 예수도 "백성을 미혹하고 가이사에게 세금 바치는 것을 금하며 자칭 왕 그리스도라 하더이다"(눅 23:2)라는 정치범으로 고발되었고 결국 십자가형에 처해졌다. 로마는 로마의 평화를 깨뜨리는 행위에 대해서 매우 엄격하게 다루었다. 바울은 지금 매우 위험한 인물로 지목되고 있다. 이런 고발들이 쌓여 결국에는 바울을 죽음에 이르게 했을 것이다. 바울의 위험한 처지와는 달리 야손과 그 일파는 보석금을 내고 풀려난다. 데살로니가전서에서는 이들이 당했던 고난에 대해서 이렇게 설명한다. "너희는 많은 환난 가운데서 성령의 기쁨으로 말씀을 받아"(살전 1:6), "형제들아 너희가 그리스도 예수 안에서 유대에 있는 하나님의 교회들을 본받은 자되었으니 그들이 유대인들에게 고난을 받음과 같이 너희도 너희 동족에게서 동일한 고난을 받았느니라"(살전 2:14). 이로 보건대 데살로니가 교회의 주력층은 이방인들이었고, 이들은 자기 동족들로부터 많은 고난을 받았던 것 같다. 누가가 보여 준 사례는 그 일부에 불과할 뿐

바울의 거침없이 담대하게

이다. 데살로니가 교회는 믿음의 역사, 사랑의 수고, 소망의 인내로 명성이 자자한 공동체였다(살전 1:3).

데살로니가전서는 좀더 주목받을 필요가 있다. 그것은 학자들이 공통적으로 바울 서신들 중 가장 최초로 기록된 서신으로 인정받기 때문이다. 데살로니가전서는 고린도에서 AD 50년경에 기록된 것으로 추정된다. 바울은 다른 곳보다 데살로니가에서 길게 사역하지 않았다. 누가는 불과 세 안식일에 걸친 사역만 언급하고 있을 뿐이다(행 17:2). 쫓기듯 데살로니가를 빠져 나왔기 때문에 바울은 막 출범한 공동체에 불안감을 느꼈다. 그래서 여러 번 데살로니가 교회를 방문하려 했지만 사탄이 이것을 막았다고 표현한다(살전 2:17-18). 그래서 아테네에 머무는 도중에 디모데를 데살로니가로 급파하였다(살전 3:1-2). 이 사이에 바울은 고린도에 내려가 있었고 디모데가 일을 마치고 고린도로 돌아와서는 데살로니가 교회가 믿음과 사랑 위에 굳건히 서 있고 바울 일행을 간절히 그리워하고 있다는 기쁜 소식을 전한다(살전 3:6, 행 18:5). 이런 일들을 겪은 후에 쓴 서신이 데살로니가전서다. 이외에도 데살로니가전서에서는 주님의 재림을 고대하고 살았던 바울의 종말론적 태도를 엿볼 수 있다. 데살로니가 성도들은 자신들이 살아 있을 때 주님의 재림을 볼 것이라 믿었다. 그런데 성도들 중에 죽는 자들이 생기자 바울에게 자문을 구했다. 바울은 이에 대한 답변으로 주님의 재림 때에 죽은 자들이 먼저 부활하여 주님과 함께할 것

이며, 이어서 살아 있는 자들이 주를 영접하러 가게 될 것이라며 위로
한다(살전 4:13-18).

일루리곤과 베뢰아

누가는 데살로니가에서 유대인들의 박해를 피해 바울과 실라가 베뢰
아로 갔다고 보도한다. 그렇게 되면 에그나티아 가도를 벗어나게 된
다. 소아시아에서는 '공용 도로'가 중요했다면 그리스 지역에서는 에
그나티아 가도가 중요하다. 바울의 선교는 로마의 중요 도로상에 위
치한 도시를 중심으로 이루어졌기 때문이다. 에그나티아 가도는 그리
스 동쪽 끝인 비잔티움에서 시작하여 빌립보, 암비볼리, 아볼로니아,
데살로니가를 거쳐 일루리곤(Illyricum) 남쪽을 통과하여 서쪽 끝인
뒤라키움(Dyrrhachium)에서 끝난다. 뒤라키움에서 배를 타면 아드리
아 해를 건너 가장 빠르고 안전하게 이탈리아의 브린디시에 이르게
된다. 흔히 그리스에서 이탈리아로 갈 때는 이런 방식을 이용한다. 브
린디시부터는 아피아 가도(via Appia)가 시작되는데 이 길을 타고 가
면 로마에 다다르게 된다. 아피아 가도는 나중에 바울 일행이 로마로
들어갈 때 중도에 이용했던 길이다.

　에그나티아 가도를 언급하는 이유는 바울의 행적 중에 잘 드러나
지 않은 선교지 때문이다. 바로 일루리곤이다. 로마서에서 바울은 이

렇게 말한 바 있다. "그리하여 내가 예루살렘으로부터 두루 행하여 일루리곤까지 그리스도의 복음을 편만하게 전하였노라"(롬 15:19).

일루리곤은 마게도냐 북쪽에 위치한 주이다. 사도행전에는 언급되지도 않는데 바울은 언제 이곳까지 선교를 했을까? 하나는 데살로니가 선교 이후 에그나티아 가도를 따라서 그리스 서쪽 끝까지 여행하는 경우이다. 그러면 2차 선교 여행 때 일루리곤 남부 지역을 방문했을 것이다. 다른 하나는 사도행전 20장에서 언급한 대로 3차 에베소 선교 이후 마게도냐 지경을 다녀갔을 때다(행 20:1-2). 많은 학자들이 3차 선교 때를 언급하지만 2차 선교 때일 가능성도 무시할 수 없다.

이것은 로마서에서 언급한 다음 상황을 가정할 때다. 바울은 로마에 여러 번 방문하려고 계획했지만 번번이 막혔다고 언급한 바 있다(롬 1:13, 15:22). 그중에 한 가능성으로 바울이 에그나티아 가도를 따라서 계속 갔을 경우를 보자. 그는 서쪽 끝인 뒤라키움에 다달았을 것이다. 그곳에서 배를 타고 이탈리아에 상륙하여 로마로 가는 것이 일반적 경로다. 그러나 그 시도가 좌절되었다. 그 원인 중 하나로 AD 49년 글라우디아 황제 때에 그리스도인과 유대교인들 간의 분란으로 인해 유대인들이 쫓겨난 사건을 들 수 있다. 이런 어수선한 분위기 때문에 바울의 로마행이 좌절되었을 수도 있다. 이 일이 고린도에서 바울이 의기소침했던(행 18:5, 9) 한 가지 이유가 아닐까 추정해 본다. 일루리곤 지역은 목회서신에서 니고볼리(딛 3:12)와 달마디아(딤후 4:10)

두 곳이 언급되고 있다.

다시 사도행전 보도로 가보자. 누가는 데살로니가에서 쫓겨난 바울 일행이 에그나티아 가도를 벗어나 남쪽에 있는 베뢰아로 들어갔다고 한다. 베뢰아의 유대 회당에서 말씀을 전했는데 이곳 유대인들은 데살로니가 사람들보다 더 신사적이어서 기꺼이 말씀을 받아들이고 그것이 사실인지 알아보려고 날마다 성경을 상고했다고 전한다. 그 결과 믿는 사람들이 많이 생겼는데, 그중에는 지체 높은 헬라의 귀부인과 남자가 적지 않았다고 전한다. 누가는 사도행전 20장에서 바울과 함께 예루살렘을 방문하는 일행들을 말하며 특별히 베뢰아 사람 소바더를 언급한다. 그러나 이곳의 선교는 데살로니가에서 파견된 유대인들의 책동에 의해서 방해를 받는다. 베뢰아 교인들은 바울을 바닷가로 데리고 가서 거기서 배를 태워 아테네까지 인도했다고 한다.

바울의 거침없이 담대하게

07

아테네와 고린도에서

아레오바고 설교

아테네는 철학의 본고장이다. 소크라테스와 플라톤의 고향이면서 아리스토텔레스, 에피쿠로스, 제논 등이 이곳에서 활동했다. 1세기에는 인구 5천 명 정도의 소도시에 불과했지만 그 상징성 때문에 바울은 이곳을 그냥 지나칠 수 없었다. 바울은 아레오바고 연설을 통해서 고대 그리스의 지혜와 한판 대결을 펼친 것이다. 디모데도 실라도 없는 상태에서 바울은 혈혈단신으로 아테네의 심장부로 뛰어들었다. 당시 아테네는 철학의 본고장답지 않게 우상으로 가득했다. 이에 격분한 바울은 유대인의 회당과 장터에서 사람들과 논쟁을 벌였다. '장터'로 번역된 그리스 원어는 '아고라'다. 아고라는 단순한 시장이 아니라 시민들이 일상적이고 다양한 활동을 하는 생활의 중심지로 여론을 형성하고, 학문과 사상 등에 대한 토론과 정치 집회나 재판도 이루어지던 광장과 같은 성격을 갖는 곳이다. 아테네의 아고라는 파르테논 신전이 있는 아크로폴리스 언덕 아래에 있었다.

바울과 논쟁하던 사람들 중에는 당시 주류 철학이었던 에피쿠로스 학파와 스토아 학파 철학자들도 있었다. 바울이 자기들이 이해할 수 없는 말을 탁월하게 잘했기 때문인지 그들은 바울을 '말쟁이', 원래의 의미로는 '곡식을 쪼아 먹는 새'라고 불렀다. 이들은 바울을 낯선 새로운 신을 전하는 사람이라 판단하고 그 가르침이 무엇인지 알기 위하여 아레오바고로 끌고 갔다. 이 장면은 철학적 논쟁을 하고 있는 것처럼 보이지만 실상은 매우 위험한 순간이다. 바울이 아테네에 오기 450년 전에 같은 죄목으로 철학자 소크라테스에게 독배를 마시게 한 일이 있었기 때문이다. 그때 소크라테스는 국가에 의해서 인정된 신들을 거부하고, 새로운 신들을 전했으며, 젊은이들을 미혹하게 한 혐의로 고발되었다. 바울은 지금 소크라테스처럼 낯선 신을 끌어들이고 있다는 비판을 받고 있는 것이다.

바울을 아레오바고에 세웠는데 이 아레오바고로 추정되는 두 곳이 있다. 하나는 아레오바고의 자치권을 행사하던 아레오바고 의회로 해석하여 바울의 연설은 스토아 법정에서 행해졌을 것이라고 한다. 다른 하나는 아크로폴리스 북서쪽에 위치한 전쟁의 신 아레스의 언덕이

바울의 거침없이 담대하게

아테네의 아레오바고 언덕

다. 일반적으로 이 바위 언덕을 아레오바고라 하며 일종의 자유발언
대와 같은 곳에서 바울은 연설을 했다. 오늘날 이곳을 방문한 관광객
들은 바울의 아레오바고 연설을 새겨놓은 돌판을 볼 수 있다.

　아레오바고 연설은 기독교 신학이 당대의 주류라고 할 수 있는 그
리스 철학과 어떻게 만나며 어떻게 극복하고 있는지를 잘 보여 주고
있다. 2세기에 기독교 변증론이 본격적으로 등장하기 시작하는데 아
레오바고 연설은 그 효시에 해당한다고 할 수 있다. 사도행전 17장
22-31절이 아레오바고 연설의 전문이다. 아레오바고 연설의 의미는
바울 서신서에서 드러나고 있는 바울의 신학과 비교하면 보다 분명해
진다.

연설을 시작하며 바울은 먼저 아테네인들의 종교성을 칭찬한다. 그들이 알지 못하는 신에게 바친 제단을 언급하며 그 신이 누구인지 알려주겠다며 접촉점을 마련한다. 바울은 처음부터 우상숭배라고 배척하지 않는다. 그분은 만물을 지으신 창조주이시며 천지의 주인이시다. 그래서 인간이 만든 신전에 거하거나 무엇이 부족한 듯이 사람의 손으로 섬김을 받아야 할 분이 아니다. 그분은 인간을 비롯한 만물에게 생명과 호흡을 주시는 분이시다. 그분은 한 혈통으로부터, 물론 아담으로부터 모든 민족을 지으셨고, 그들의 연대와 거주지를 한정하셨다. 여기까지는 구약 성서의 이해와 일치한다(창 1:28, 신 32:8, 시 74:17, 사 42:5 참고). 독특한 점은 다음 27절이다. 하나님은 우리에게서 멀리 계시지 않으며 그분을 찾는 것은 쉽지 않을지라도 더듬어 찾아 발견할 수 있도록 만드셨다고 바울은 말한다. 여기서 바울은 자연적인 신인식의 가능성을 열어놓고 있다. 신을 찾는 것이 전혀 불가능하다고 말하지 않는다. 로마서에서도 "하나님을 알 만한 것이 그들 속에 보임이라"(롬 1:19) 하며 신인식의 가능성은 열어놓았다. 그러나 로마서에서는 하나님을 알면서도 모든 불의를 행하고 있는 전 인류에 대한 피할 수 없는 심판에 주된 강조점이 놓여 있다. 그렇지만 아레오바고 연설에서 바울은 "알지 못하던 시대에는 하나님이 간과하셨거니와"(행 17:30) 하며 마치 묵인하셨던 것처럼 표현한다.

서신서에서 바울은 자연적인 인간이 직접적으로 하나님과 관계를 맺을 수 없고 오직 그리스도를 통해서만 가능하다고 주장하는 데 전력을 기울였다. 그런데 아레오바고 설교에서는 신과 가까이 있다(행 17:27), 신의 소생이다(행 17:28)고 하며 인간의 가능성을 높게 평가한다. "그는 우리 각 사람에게서 멀리 계시지 아니하도다 우리가 그를 힘입어 살며 기동하며 존재하느니라 너희 시인 중 어떤 사람들의 말과 같이 우리가 그의 소생이라 하니"(행 17:27-28). 바울은 이 부분에서 헬라 철학자들의 사상과 문장을 많이 인용하고 있다. 세네카(Seneca)의 글, "신은 당신 가까이 있으며, 당신과 함께 있고, 당신 안에 있다." 에피메니데스(Epimenides)의 글, "우리는 당신을 힘입어 살며 움직이고 있다." 아라투스(Aratus)의 글, "우리는 그의 소생이다"가 대표적이다. 바울은 헬라인들을 설득하기 위해 헬라 철학과 문장들을 거침없이 사용하고 있다. 사도행전의 다른 설교들에서는 구약성서 인용이 많았지만 아레오바고 설교에서는 헬라 철학 인용이 많다. 신앙의 용광로 속에서 헬라 철학이 기독교 변증을 위한 도구로 융합되고 있는 것이다.

바울은 이런 신인식을 근거로 우상숭배를 반박한다. 하나님의 자녀가 되었으니 이제는 더이상 하나님을 우상의 형태로 섬기지 말라고 권고한다. 인간의 손으로 새긴 것은 결코 신이 될 수 없다. 사실 고대인들에게서 우상의 형태를 가지지 않은 신을 상상하기는 어렵다. 그래서 제우스 신을 부정했던 소크라테스는 무신론자라는 비난을 받았다. 초대교회 박해의 원인 중 하나도 무신론자라는 비판이었다. 유일하신 하나님을 믿는 기독교 입장에서는 말도 안 되는 정죄이지만 고대인들이 가지고 있었던 우상성이 이런 어이없는 오해를 낳았던 것이다. 알지 못하던 시대에는 하나님께서 간과하셨으나 이제는 아니다. 모두 회개해야 한다. 이제는 그릇된 신들에게서 돌이켜 참된 신에게로 돌아가야 한다.

바울은 아레오바고 연설 10절 가운데 9절을 성부 하나님과 관련된 논의에 할애했다. 그리스도에 관한 설교는 31절 한 구절에 그친다. 자연신학으로 설득하려고 하니 성부 하나님에 대한 부분이 많아진 것이다. 이제 본격적인 그리스도 중심적 설교가 전개된다. 하나님은 세계를 공의로 심판하실 날을 작정하셨다. 하나님은 정하신 한 사람, 곧 그리스도를 세워서 심판을 행하실 터인데 그를 죽은 자 가운데서 부활시키셔서 모든 사람들이 믿을 만한 증거를 주셨다. 바울이 전파하는 예수가 바로 그 부활의 예수임을 증거한 것이다. 아테네 사람들을 혼란에 빠트린 것은 그리스도의 부활에 관한 소식이었다. 그들 중에는 죽은 자의 부활에 대해서 조롱하는 사람도 있었고 다시 듣겠다는 사람도 있었다. 사실 아테네 사람들이 바울을 아레오바고로 끌고 간 이유도 "예수와 부활을 전하기 때문"(행 17:18)이었다. 육체보다는 영혼을 더 중시하던 헬라인들에게는 몸의 부활이라는 사상은 매우 낯설었던 것이다.

아테네에서 행한 바울의 선교는 그리 성공적이지 못했다. 아레오 바고 관리 디오누시오와 몇몇 사람들만이 믿었다고 전하고 있다(행 17:34). 이후 어느 곳에서도 우리는 아테네 교회에 대한 소식을 듣지 못한다. 이 때문에 아레오바고 연설에 대한 평가가 긍정과 부정으로 갈린다. 어떤 사람들은 바울이 아테네에서 철학을 이용한 선교의 실패를 교훈 삼아서 다음 선교지인 고린도에서는 오직 십자가의 미련한 것만 전했다고 주장한다.

"형제들아 내가 너희에게 나아가 하나님의 증거를 전할 때에 말과 지혜의 아름다운 것으로 아니하였나니 내가 너희 중에서 예수 그리스도와 그의 십자가에 못 박히신 것 외에는 아무 것도 알지 아니하기로 작정하였음이라 내가 너희 가운데 거할 때에 약하고 두려워하고 심히 떨었노라 내 말과 내 전도함이 설득력 있는 지혜의 말로 하지 아니하고 다만 성령의 나타남과 능력으로 하여"(고전 2:1-4).

고린도서에서 고백하고 있는 바울의 모습은 이방인들에게 복음을 전할 때 취했던 일반적인 선교 방식이었을 것이다. 이런 점에 비추어 보면 아레오바고 설교는 지혜의 말로 접근한 바울의 유일한 설교가 될 것이다. 누가가 바울의 아레오바고 설교 전문을 길게 인용하는 이유는 이 설교가 이방인 선교에서 갖는 중요성 때문이다. 누가 시대와 그 이후 이방인 중심의 기독교에서는 신의 진노와 그리스도의 십자가를 통한 구원이라는 케리그마적 설교 외에 이방인들을 설득할 수 있는 변증적 설교가 필요했다. 이런 점에서 헬라 사상과 문화를 이용한 아레오바고 설교는 모범이 되었다. 브루스(F. F. Bruce)는 아레오바고 설교를 복음의 선포라기보다는 복음의 선포를 준비하는 예비적 성격의 연설이라고 분석한다.

바울의 자비량 선교

아테네를 떠난 바울은 서쪽으로 향하여 아가야 속주의 수도인 고린도에 도착하였다. 고린도는 그리스 본토와 펠로폰네소스 반도를 연결하는 잘록한 노루목에 위치하고 있다. 서쪽 바다인 이오니아 해와 동쪽 바다인 에게 해를 갈라놓고 있는 이곳은 좁은 곳은 폭이 6킬로미터에 불과하다. 고린도에는 두 개의 항구가 있었는데 서쪽 바다와 연결되는 레카이온과 동쪽 바다로 연결되는 겐그레아이다. 바울은 로마서에서 겐그레아 교회와 일꾼 뵈뵈에 대해서 언급한 바 있다(롬 16:1). 바울은 배로 지중해를 통과할 때 주로 이쪽 항구를 이용했다(행 18:18). 이런 지정학적인 이유로 고린도는 전략적, 상업적 요충지가 되어 부요함을 누렸다. 고린도는 사치로도 유명할 뿐만 아니라 성적인 문란의 대명사가 되기도 하였다. 고린도는 미의 여신 아프로디테 신전으로 유명했는데 한창 때에는 신전에서 일하는 성창이 1천 명에 달했다고 한다.

바울의 거침없이 담대하게

사도행전에서는 바울의 고린도 사역을 언급하기 전에 아굴라와 브리스길라 부부와 만남을 먼저 언급한다. 이 부부에 대해서 바울 사도는 로마서에서 "내 목숨을 위하여 자기들의 목까지도 내놓았던"(롬 16:3-4) 신실한 동역자들이라고 소개한다. 이 부부는 원래 로마를 근거지로 활동했던 것 같다. 그런데 AD 49년에 로마에서 유대인들 간에 큰 소동이 일어났던 적이 있었다. 기록에는 "크레스투스(Chrestus)"로 인한 소동이라고 하는데 아마 예수 그리스도에 대한 메시아 논쟁 때문에 유대인들 간에 격렬한 소란이 일어났고, 글라우디오 황제가 로마에 사는 유대인들에게 추방령을 내렸던 듯하다. 나중에 이 부부는 추방령이 해제된 후 다시 로마로 돌아갔다. 바울은 로마서를 쓰며 제일 먼저 이들 부부에 대한 안부를 물은 바 있다. 이들은 고린도로 흘러들어와 천막 짓는 일을 하고 있었는데 아마 같은 일을 하던 바울과 이곳에서 일하다 만나게 되었을 것이다. 이 부부는 고린도 사역을 마치고 바울과 함께 에베소로 건너간다. 이들은 경제적인 능력이 있었던 것 같다. 고린도전서에서는 "아굴라와 브리스가와 그 집에 있는 교회가 주 안에서 너희에게 간절히 문안한다"(고전 16:19)고 기록하고 있다. 자기 집을 교회로 내어놓을 정도면 어느 정도 규모가 있는 집이었을 것이다. 이들은 또한 가르치는 은사도 탁월했다. 성경과 지식에 능통하며 바울을 이어서 고린도 교회에서 사역했던 아볼로를 이들이 가르친 바 있다(행 18:26). 이 부부의 이름을 거론하며 아내인 브리스길라의 이름이 먼저 언급되는 경우가 많다(행 18:18, 26, 롬 16:3). 이는 아내인 브리스길라의 교회 내 활동이 활발했고 지도적인 위치에 있었다고 유추할 수 있다.

이들 부부와 바울은 하는 일이 같았다. 바울은 어느 선교지에 가든 지 자기 먹을 것은 자기 손으로 벌어먹었다. 바울의 이런 자비량 선교 는 다른 사도들의 행태와는 달랐다. 바울은 "우리가 먹고 마실 권리 가 없겠느냐 … 어찌 나와 바나바만 일하지 아니할 권리가 없겠느냐" (고전 9:4, 6)라고 말한다. 전도자가 잠자리와 먹을 것을 제공받는 것 은 당연한 일이었다. 주님도 "그 집에 유하며 주는 것을 먹고 마시라 일꾼이 그 삯을 받는 것이 마땅하니라"(눅 10:7)고 말씀하신 바 있다. 그런데도 바울은 왜 자비량 선교를 고집했을까? 먼저는 바울의 바리 새적 배경을 그 이유로 들 수 있을 것 같다. 유대 랍비들은 토라를 가 르치는 일이 생계수단이나 부귀공명의 수단이 되어서는 안 된다는 교 육을 받았다. 랍비 힐렐은 "토라의 관(冠)을 세상적으로 사용하는 사 람은 말라비틀어질 것이다"고 말하기도 하였다. 이런 바리새적인 분 위기를 고려한다면 바울의 자비량 선교는 자연스럽게 이루어졌을 것 이다.

그러나 바울은 자신이 자비량 선교를 했던 보다 중요한 이유로 복 음의 위대함과 그 직분의 소중함 때문이었다고 말한다. 이에 대해서 는 고린도전서에 자세히 설명되어 있다. 고린도 교회를 개척하고 오랜 세월 목양하면서도 바울은 고린도 교회로부터 일절 급료를 받지 않았다. 이런 태도가 때로는 비난의 대상이 되기도 했는데 고린도 교회의 일부 성도들은 야비하게 바울이 정식 사도가 아니라서 그렇다고 비난했다. 이를 반박하며 바울은 자신이 자비량 선교하는 이유를 다음과 같이 밝혔다.

첫째는 복음에 장애가 되지 않기 위해서다. 고린도전서 9장 12절이다. "다른 이들도 너희에게 이런 권리를 가졌거든 하물며 우리일까보냐 그러나 우리가 이 권리를 쓰지 아니하고 범사에 참는 것은 그리스도의 복음에 아무 장애가 없게 하려 함이로다." 복음에 장애가 된다는 말을 이해하기 위해서는 당시의 문화를 이해해야 한다. 헬라 사회에서는 철학자들이나 궤변가들이 이곳저곳을 방랑하며 살았다. 그러다 한 지역의 유지나 공동체가 그 사람의 가르침이 훌륭하고 교사로서 탁월하다고 생각되면 급료와 먹을 것을 주고 그 지역에 머물게 하였다. 심지어 마술사나 능력을 행하는 사람들도 이런 방식으로 자신의 능력을 보여 주고 먹을 것을 얻고는 하였다. 결국 진리를 주고 대신 물질을 얻는 방식이 보편화된 시대였다. 바울 사도는 복음이 이처럼 싸구려 진리 취급받는 것을 싫어했다. 복음의 은혜는 값으로 헤아릴 수 없다. 그러니 값없이 전하고 받을 수밖에 없다. 사람들이 얼마 되지도 않는 급료를 지불하며 행세하는 것을 바울 사도는 견딜 수 없었다. 그것은 감사가 아니라 거래이기 때문이다.

둘째는 복음 전하는 것이 마땅히 해야 될 자신의 의무라고 생각했기 때문이다. 고린도전서 9장 16-18절이다. "내가 복음을 전할지라도 자랑할 것이 없음은 내가 부득불 할 일이라 만일 복음을 전하지 아니하면 내게 화가 있을 것이로다 내가 내 자의로 이것을 행하면 상을 얻으려니와 자의로 아니한다 할지라도 나는 사명을 맡았노라 그런즉 내 상이 무엇이냐 내가 복음을 전할 때에 값없이 전하고 복음으로 말미암아 내게 있는 권리를 다 쓰지 아니하는 이것이로다." 바울은 복음 전하는 것이 부득불 할 일이라고 말한다. 복음을 전하지 않으면 자기에게 화가 있을 것이라고 한다. 복음 전파 사역은 주님이 자신에게 맡긴 위대한 직분이었다. 자신이 마지막 날 받을 상급이 있다면 복음을 값없이 전한 것, 곧 급료를 받을 수도 있지만 받지 않은 것이 자기 상급이요 자랑이 될 거라고 말한다. 소중한 직분을 밥벌이 수단으로 삼지 않은 것이 바울의 자존심이었다.

그러나 자비량 선교는 쉽지 않았다. 데살로니가 선교에서 언급했던 것처럼 밤낮으로 일했지만 충분치 않아서 빌립보 교회로부터 헌금을 받기도 했다. 바울은 자기 선교지에서 주는 급료 성격의 돈은 받지 않았지만 일단 그 선교지를 떠난 후에는 헌금 성격의 도움은 받았던 것 같다. 고린도후서 11장 8-9절의 기록이다. "내가 너희를 섬기기 위하여 다른 여러 교회에서 비용을 받은 것은 탈취한 것이라 또 내가 너희와 함께 있을 때 비용이 부족하였으되 아무에게도 누를 끼치지 아니하였음은 마게도냐에서 온 형제들이 나의 부족한 것을 보충하였음이라 내가 모든 일에 너희에게 폐를 끼치지 않기 위하여 스스로 조심하였고 또 조심하리라." 여기서 알 수 있는 것은 바울이 했던 천막 짓는 일이 그와 그의 동료의 생계를 잇기에 부족했다는 것과, 마게도냐 아마 빌립보 교회와 데살로니가 교회였을 것인데 다른 교회에서 주는 헌금은 받았다는 사실이다.

고린도 사역

바울의 고린도 사역은 잠시 헤어졌던 실라와 디모데가 합류하면서 본격화되었다. 사도행전은 "하나님 말씀에 붙잡혀"(행 18:5) 예수의 메시아 됨을 밝히 증거했다고 전한다. 이곳에서도 다른 곳에서와 마찬가지로 유대인 회당에서 복음을 전했지만 유대인들이 대적하고 비방하자 바울은 이방인에게로 그 발걸음을 옮긴다. 바울의 선교 사역을 기록하고 있는 누가는 유대인들이 복음을 받아들이지 않았다는 사실이 매우 가슴 아팠던 듯하다. 사도행전에서만 세 번에 걸쳐 유대인들이 복음을 거부한 사건을 언급하고 있다(행 13:46, 18:6, 28:28). 기독교가 유대교를 버린 것이 아니었다. 기독교가 이방인 선교로 방향을 튼 것은 유대교가 복음을 거부했기 때문이며, 결과적으로 그것은 하나님의 뜻이었다.

복음 전파의 결과 회당장 그리스보와 하나님 경외자 디도 유스도 외에 수많은 고린도 사람들이 믿고 세례를 받았다. 초대교회에서 세례는 매우 중요한 의식이었지만 바울이 직접 세례를 주는 경우는 많지 않았던 듯하다. 고린도전서에서 바울은 이렇게 고백한다. "그리스보와 가이오 외에는 너희 중 아무에게도 내가 세례를 베풀지 아니한 것을 감사하노니"(1:14), "내가 또한 스데바나 집 사람에게 세례를 베풀었고 그 외에는 다른 누구에게 세례를 베풀었는지 알지 못하노라"(1:16). 바울은 세례를 주는 것보다 오직 복음을 전하여 믿게 하는 데 더 관심이 있었다. "그리스도께서 나를 보내심은 세례를 주게 하려 하심이 아니요 오직 복음을 전하게 하려 하심이로되"(1:17). 바울이 세

고대 고린도 유적. 상점들과 아폴론 신전이 있고 멀리 아크로고린도가 보인다

바울의 거침없이 담대하게

례를 부정적으로 보았던 이유는 자칫 잘못하면 그것이 누구에게 세례를 받았느냐에 따라 파벌이 조성될 수 있기 때문이었다. 실제 고린도 교회에서 이런 일이 발생했다. "그리스도께서 어찌 나뉘었느냐 바울이 너희를 위하여 십자가에 못 박혔으며 바울의 이름으로 너희가 세례를 받았느냐"(고전 1:13).

바울은 고린도 지역에서 다른 선교지와는 달리 1년 6개월이라는 오랜 시간을 머물렀다. 누가는 그 이유를 밤중에 본 주 예수의 환상에서 찾고 있다. "내가 너와 함께 있으매 어떤 사람도 너를 대적하여 해롭게 할 자가 없을 것이니 이는 이 성중에 내 백성이 많음이라"(행 18:10). 바울의 사역 결과 고린도 교회는 아가야 지역을 대표하는 유력한 교회로 발전하였다. 바울은 이곳에서 사역하면서 유대인들의 고발로 인하여 법정에 끌려간 일이 있었다. 당시 이곳을 다스리던 총독은 갈리오였다. 바울의 연대기에서 갈리오 총독은 매우 중요한 인물인데 이는 그가 이곳에 재임했던 기간이 AD 51년 봄에서 52년 봄으로 추정되고 이와 관련된 고고학적 비문이 발굴되었기 때문이다. 바울의 연대기를 작성하는 학자들은 바울이 갈리오 총독 앞에 섰던 이때를 기준으로 하여 연대를 계산한다. 유대인들의 고발은 분명치 않았지만 이에 대한 갈리오 총독의 판결은 분명했다. 바울이 무슨 범죄나 악한 행동으로 인해 고발당했다면 재판을 여는 것이 타당하나 유대 율법과 관련된 일이면 너희 스스로 처리하라고 하며 갈리오 총독은 고소를 기각하고 이들을 쫓아내 버렸다. 심지어 이 소송의 대표자인 회당장 소스데네를 유대인들에게 반감을 가졌던 무리들이 붙잡아 법정 앞에서 때렸어도 총독은 상관하지 않았다고 한다. 이를 통해 갈리오 총독이 바울이 명확히 무죄임을 선언했음을 보여 준다. 기독교는 로마 당국에 불법한 일을 하지 않았다. 다만 소란스러운 이유는 유대 율법과 풍습에 대한 이해와 해석에서 차이가 있었기 때문이다. 바울의 무죄는, 곧 바울에 의해 개척된 이방인 교회의 무죄를 의미하기도 한다.

고린도에 보낸 바울의 편지

이런 일이 있은 후 바울은 고린도 교회를 떠나게 된다. 고린도 사역을 정리하기 전에 고린도 서신에서 언급된 바울과 고린도 교회 관계에 대해서 좀더 부연 설명하는 것이 필요할 것 같다. 고린도 교회는 바울이 개척한 교회 중에서 가장 문제 많은 교회였다. 바울이 떠난 후 아볼로가 와서 사역을 했는데, 이후 고린도 교회는 바울파와 아볼로파로 나뉘어 분열을 겪었다. 심지어 그리스도파와 게바파도 있었다고 한다(고전 1:12). 이외에도 성만찬 문제로 가난한 자와 부유한 자들 사이에 갈등을 빚기도 하였다. 우상의 제물 문제로 믿음이 강한 자와 그렇지 못한 자 간의 문제도 있었다. 교회 내에서 성도들 간에 소송이 일어나기도 하였고, 음행의 문제가 발생하기도 하였다. 고린도 교회 성도들은 지혜를 자랑하고, 겉으로 드러나는 영적인 은사를 자랑하며, 초기 영지주의에 오염되어 부활이 이미 왔다고 주장하기도 하였다. 그럼에도 불구하고 바울은 고린도 교회를 향하여 "하나님의 교회"라, 그 신도들을 향해서는 "그리스도 예수 안에서 거룩하여지고 성도라 부르심을 받은 자들"(고전 1:2)이라 높여 부른다. 이들에게 어떤 은사보다 사랑이 제일이라 하며 "사랑은 오래 참고 사랑은 온유하며…"로 시작되는 그 유명한 고린도전서 13장의 사랑장을 써 보내기도 하였다.

그러나 바울을 결정적으로 절망스럽게 만들었던 것은 고린도 교회가 바울의 사도권을 인정하지 않았다는 것이다. 이 문제를 본격적으로 다루고 있는 것이 바로 고린도후서다. 바울 자신은 예수로부터 임명받은 사도라고 주장했지만 그가 예수의 공생애나 승천 전 부활 기간 동안 예수를 보지 못했다는 사실과, 또 예루살렘으로부터 정식 파송된 사도가 아니며, 예루살렘 교회와 독자적으로 행동하고 때로는 갈등을 빚고 있다는 사실이 바울의 사도권을 의심하게 만들었을 것이다. 고린도후서에서는 너무 심하다 할 정도로 바울 사도에 대한 비난이 고조되어 있다. 바울에 대한 비난 부분을 정리하면 다음과 같다.

첫째, 바울은 천거서, 곧 추천서가 없다(고후 3:1, 4:2, 5:12, 6:4). 추천서는 원 사도들이나 예루살렘 교회의 추천서일 것이다. 헬라 세계에서는 추천서가 기적과 능력의 보고서로 통용되었다. 둘째, 대면하면 말이 졸하고 신통치 않다(고후 10:1, 10:10, 11:6). 셋째, 지혜가 없고 어리석다(고후 11:1, 16, 17, 21, 12:11). 넷째, 몸이 약하다(고후 10:10, 11:21, 12:10, 13:4, 9). 다섯째, 큰 사도들보다 열등하며 사도도 아니다(고후 11:5, 12:11, 12). 여섯째, 그리스도가 그를 통해서 말하지 않았으며 그리스도께 속해 있지 않다(고후 13:3, 10:7). 일곱째, 교회의 재정적 보조를 받지 못했다. 이는 정식 사도가 아니기 때문이다(고후 11:7-12, 12:13). 여덟째, 겉으로는 돈을 안 받는 척 하면서 교묘하게 돈을 취한다(고후 12:16-18). 돈 문제까지 건드렸으니 거의 밑바닥까지 드러낸 셈이다.

이 문제를 해결하기 위해서 바울은 눈물의 편지를 써야만 했다. "내가 마음에 큰 눌림과 걱정이 있어 많은 눈물로 너희에게 썼노니"(고후 2:4). 바울과 고린도 교회의 관계를 살펴보기 위해서는 바울의 방문과 보냈던 편지들을 재구성해 보는 것이 빠르다. 고린도 교회를 개척했던 바울은 3차 선교 여행 중 에베소에 머물고 있었다. 이때 고린도 교회에 여러 문제들이 생겨 교회에서 바울에게 자문을 구했고 이에 대해서 바울은 고린도전서를 써서 디모데 편에 보냈다(고전 16:10-11). 그러나 자문했던 문제들이 잘 해결되지 않았거나 다른 문제들이 발생해서 바울이 직접 고린도 교회를 방문해야 했다(고후 1:15-16, 2:1-3, 12:14, 13:1-2). 고린도후서에서 '세번째 방문'을 계속

바울의 거침없이 담대하게

언급하는 것으로 보아 고린도전서와 후서 사이에 중간 방문이 있었음에 확실하다. 그런데 이 방문의 결과는 좋지 않았다. "내가 다시는 너희에게 근심 중에 나아가지 아니하기로 스스로 결심하였노니"(고후 2:1) 고통스런 방문이 되었다. 바울의 사도권 문제가 본격적으로 불거졌던 것 같다. 이 문제를 마무리하지 못하고 급히 떠나야 했던 바울은 아마 에베소로 돌아와 눈물의 편지를 쓰게 되었을 것이다(고후 2:4, 7:8). 이 중간 서신의 존재는 확정할 수 없지만 학자들은 고린도후서 10-13장과 유사한 내용들이었을 것으로 추정한다. 바울 자신의 사도권을 변명하는 내용과 함께 바울을 적대하는 세력들에 대한 징계를 요구했을 것이다. "내가 이미 말하였거니와 지금 떠나 있으나 두 번째 대면하였을 때와 같이 전에 죄 지은 자들과 그 남은 모든 사람에게 미리 말하노니 내가 다시 가면 용서하지 아니하리라"(고후 13:2). 이 편지는 디도가 들고 갔다(고후 2:12-13, 7:5-7). 바울은 그 사이에 드로아와 마게도냐를 전전하며 초조하게 결과를 기다렸다. 그런데 디도가 좋은 소식을 가지고 돌아왔다. "우리가 마게도냐에 이르렀을 때에도 우리 육체가 편하지 못하였고 사방으로 환난을 당하여 밖으로는 다툼이요 안으로는 두려움이었노라 그러나 낙심한 자들을 위로하시는 하나님이 디도가 옴으로 우리를 위로하셨으니"(고후 7:5-6). 문제가 해결되어 고린도 교회가 회개했으며 이제는 바울 사도를 그리워한다는 소식이었다. "그가 온 것뿐 아니요 오직 그가 너희에게서 받은 그 위로로 위로하고 너희의 사모함과 애통함과 나를 위하여 열심 있는 것을 우리에게 보고함으로 나를 더욱 기쁘게 하였느니라"(고후 7:7).

마게도냐에서 처리해야 할 일이 있어 바울은 고린도 교회로 곧장 가지 못하고 고린도후서를 써서 보냈다. 그 후 바울은 고린도 교회를 방문했고(행 20:1-3) 이것이 그의 세번째 방문이자 마지막 방문이 되었다.

다시 정리하면 다음과 같다.

고린도 교회 개척 → 고린도전서 보냄 → 중간 방문 → 눈물의 편지 보냄 → 고린도후서 보냄 → 세번째 방문.

바울은 한 교회를 세우기 위해 마치 부모가 자식에게 하듯이 그렇게 인내하며, 때로는 분노하며, 때로는 기뻐하며, 해산하는 수고를 아끼지 않았다. 그렇지만 말썽 많은 고린도 교회 덕분에 우리가 바울 사도에 관한 더 많은 사실을 알게 된 것에 대해서는 고린도 교회에 감사해야 할 것이다.

경건한 유대인, 바울

고린도 사역을 마친 후 바울은 브리스길라와 아굴라와 함께 배를 타고 에베소로 건너가기 위해 동쪽 항구인 겐그레아로 내려갔다. 그런데 누가는 여기서 바울의 독특한 한 행동을 기록하고 있다. "바울이 일찍이 서원이 있었으므로 겐그레아에서 머리를 깎았더라"(행 18:18).

바울은 아마도 2차 선교 여행을 시작하며 하나님께 어떤 서원을 했던 것 같다. 그 서원은 선교의 성공을 위한 것이었을 가능성이 높다. 서원 기간 동안에는 머리를 깎지 않는다. 이제 고린도 사역을 끝으로 그 서원대로 하나님께서 은혜 베푸셨음을 감사하며 머리를 깎았을 것이다. 서원과 관련되어 바울은 예루살렘을 방문했을 때 서원한 네 명의 유대 그리스도인들이 성전에서 결례를 드리고 머리를 깎을 때 대신 비용을 댄 경우도 있었다(행 21:23-26). 여기서 중요한 것은 서원 행위 자체보다도 누가가 바울을 율법에 매우 충실한 경건한 유대인으로 그리고 있다는 점이다.

사도행전 곳곳에서 누가는 바울이 경건한 유대인임을 부각시키고 있다. 바울은 다메섹에서 예수를 만난 후 예루살렘 성전에서 기도했다(행 22:17). 바울은 유대의 전통적인 관습인 금식하는 모습을 자주 보이며(행 13:1-2, 14:23), 금식 절기에 대해서도 잘 알고 있다(행 27:9). 바울은 반유대인인 디모데에게 할례를 시킨다(행 16:3). 바울이 서둘러 예루살렘을 방문하는 이유는 오순절 명절에 맞추어가기 위해서였다(행 20:16). 방문한 목적도 이스라엘 민족에게 구제금을 전달하고 하나님께 제물을 바치려는 데 있었다(행 24:17). 바울은 로마에 도착해서 유대 지도자들 앞에서 "나는 우리 겨레와 조상들이 전하여 준 풍습을 거스르는 일을 한 적이 없다"(행 28:17)고 단언한다.

바울은 또한 율법에 매우 능통하다. 바울이 율법에 능통한 모습은 이미 비시디아 안디옥에서 행한 바울의 첫 설교에서 잘 드러났다. 바울은 출애굽으로부터 시작되는 구약의 역사를 능숙하게 요약하며 그 중간중간에 구약 성서의 말씀들(삼상 13:14, 시 89:20, 시 2:7, 사 55:3, 시 16:10, 합 1:5)을 인용하여 예수를 증거한다. 바울은 예루살렘 재판 과정에서 유창한 히브리 말을 사용한다(행 22:2). 그 과정에서 자신이 유대인이며(행 22:3), 가말리엘 문하에서 엄격한 방식으로 율법을 배웠으며(행 22:3), 바리새파의 일원이었으며(행 23:6, 26:5), 하나님께서 우리 조상들에게 주신 약속의 소망 때문에 이렇게 재판을 받고 있다(행 26:6)고 증거한다. 자신은 "조상의 하나님을 섬기고 율법과 선지자들의 글에 기록된 것을 다 믿는다"(행 24:14)고 고백하며, 대제사장 앞에서는 출애굽기 22장 28절을 인용하여 훈계한다(행 23:5). 바울은 자신이 말한 것은 예언자들과 모세가 장차 그렇게 되리라고 말한 것밖에는 없다고 증언한다(26:22). 바울은 율법이나 유대 전통에 매우 충실한 유대인이다.

그러나 바울 서신서에서 드러나고 있는 바울의 모습은 이런 분위기와는 다르다. 그는 유대인이었던 과거보다는 그리스도 안에서 새로운 피조물 된 자신을 강조한다(고후 5:17). 바울이 경건한 유대인이었던 자신의 과거를 언급할 때도 있다. 그러나 이는 자랑하기 위해서가 아니라 헛된 것임을 강조하기 위한 부정적인 의미에서 그렇게 한 것이다. 바울은 그리스도를 아는 지식이 가장 고상하기 때문에 자신의

바울의 거침없이 담대하게

빛나는 유대적 유산들을 마치 배설물처럼 버렸다고 한다.

"그러나 나도 육체를 신뢰할 만하며 만일 누구든지 다른 이가 육체를 신뢰할 것이 있는 줄로 생각하면 나는 더욱 그러하리니 내가 팔일 만에 할례를 받고 이스라엘 족속이요 베냐민 지파요 히브리인 중의 히브리인이요 율법으로는 바리새인이요 열심으로는 교회를 박해하고 율법의 의로는 흠이 없는 자라 그러나 무엇이든지 내게 유익하던 것을 내가 그리스도를 위하여 다 해로 여길뿐더러 또한 모든 것을 해로 여김은 내 주 그리스도 예수를 아는 지식이 가장 고상하기 때문이라 내가 그를 위하여 모든 것을 잃어버리고 배설물로 여김은 그리스도를 얻고 그 안에서 발견되려 함이니"(빌 3:4-9). 고린도후서에서는 자기 과거와 업적을 자랑하며 자칭 사도임을 주장하는 자들에게 자신도 그에 못지않은 과거를 가지고 있음을 보여 준다. "그들이 히브리인이냐 나도 그러하며 그들이 이스라엘인이냐 나도 그러하며 그들이 아브라함의 후손이냐 나도 그러하며"(고후 11:22).

누가는 바울이 버렸던 과거를 다시 살리고 있다. 바울이 '그리스도' 때문에 과거를 버렸다면, 누가는 '그리스도의 교회' 때문에 바울의 과거를 되살리고 있다. 기독교가 유대교의 전통을 계승하고 있음을 보여 줌으로써 이방인 중심으로 형성되어 가고 있는 그리스도교 교회의 정통성과 합법성을 주장하기 위해서 바울의 과거가 필요했던 것이다.

고린도를 떠나 에베소에 도착한 바울은 브리스길라와 아굴라를 그 곳에 남겨 놓고 훗날을 기약하며 귀환 길에 오른다(행 18:21). 가이사 랴에 상륙하여 교회에 안부를 물었다고 하는데(18;22), 이 교회는 예 루살렘 교회를 말할 것이다. 선교 보고를 마친 후 안디옥으로 돌아옴 으로써 2차 선교가 최종 마무리된다.

바울의 거침없이 담대하게

08
3차 선교 여행

에베소의 제자들이 성령을 받다

안디옥에서 다시 3차 선교 여행을 시작한 바울은 갈라디아와 브루기
아 땅을 차례로 방문했다(행 18:23). 이곳은 바울이 2차 선교 여행 때
개척했던 갈라디아 교회가 있는 지역인 듯하다. 바울은 아마 이 지역
을 방문하면서 할례와 율법 문제로 인한 교회의 혼란을 발견하고 나
중에 에베소에 도착해서 갈라디아서를 썼을 가능성이 높다. 갈라디아
서는 로마서와 비교해서 읽으면 좋은데 율법 문제에 대해서 매우 과
격한 입장을 표출하고 있다. 이런 태도가 문제가 되고 너무 심했다고
생각한 바울은 이후에 쓴 로마서에서는 좀더 온건하면서도 논리적인
방식으로 율법을 다루고 있다.

바울 사도는 소아시아 위쪽 지방을 돌아 본 후 에베소에 도착해서 본격적인 사역을 시작했다. 누가는 바울의 에베소 사역을 소개하기 전에 두 가지 사건을 언급하고 있는데 하나는 학문이 뛰어나고 성경에 능통한 아볼로를 브리스길라와 아굴라가 가르치는 사건이다(행 18:24-28). 아볼로는 고린도에서 바울을 이어서 사역을 했던 인물이다. "나는 심었고 아볼로는 물을 주었으되"(고전 3:6). 아볼로는 나중에 바울파와 아볼로파로 나뉠 정도로 고린도 교회에 강력한 영향을 미쳤다. 그러나 교회의 질서를 강조하는 누가는 여기서 아볼로의 위치를 조정해 주고 있다. 아볼로는 브리스길라와 아굴라로부터 가르침을 받았으며 고린도 지역의 활동 또한 에베소 그리스도교 공동체의 소개 편지를 근거로 이루어졌다. 바울이 예루살렘 사도들의 지도를 받았듯이 아볼로는 에베소 공동체의 지도를 받는다.

다른 한 가지 사건은 세례 요한의 세례만 알던 에베소의 어떤 제자들에게 바울이 주 예수 그리스도의 이름으로 세례를 주고 안수하여 성령을 받게 한 사건이다(행 19:1-7). 사도행전은 성령행전이라고 할 정도로 성령의 역사를 강조한다. 사도행전에서 강조하는 성령은 선교의 영이다. 사도들은 성령이 충만하여 복음을 전했으며(행 2:4, 4:8, 31), 빌립은 성령의 이끄심을 따라 에디오피아 내시에게 복음을 전했다(행 8:29). 선교를 위해 성령이 바울과 바나바를 따로 세웠고(행 13:2), 성령이 주도적으로 선교의 방향을 아시아에서 유럽으로 바꾸었

바울의 거침없이 담대하게

다(행 16:6-7).

특별히 성령은 선교를 위해 새로운 경계를 넘어설 때마다 임재하여 경계를 허물고 하나님의 사역이 시작되었음을 보여 주는 상징적 사건으로 작용하고 있다. 거룩한 영이 그곳에 임했다는 것은 그곳이 이미 하나님의 통치 영역에 들어갔음을 보여 준다. 오순절 날 다락방에 모여 기도하던 예수의 제자들 무리 위에 성령이 임한 사건(행 2:1-13)은 이제 하나님의 역사가 유대인들이 아니라 예수의 제자 공동체를 통해서 이루어지게 되었음을 의미한다. 성령의 임재는 방언 현상을 동반하는데 여기의 방언은 고린도전서 12, 14장에서 언급한 방언과는 다르다. 고린도 교회의 방언은 신비경 상태에서 일어나는 알아들을 수 없는 언어의 현상이었고, 사도행전에서 일어나는 방언은 알아들을 수 있는 다른 나라의 언어를 가리킨다(행 2:7-8). 이는 성령이 선교적 목적으로 임했음을 볼 때 충분히 이해할 수 있다. 이방인처럼 취급받던 사마리아 지역에 복음이 전파되었을 때 베드로와 요한의 안수를 통해 성령이 임한다(행 8:15-17). 이제 더이상 사마리아와 유대인 사이의 민족적 경계와 갈등은 없어진다. 베드로가 이방인 고넬료의 집에서 복음을 전할 때 성령이 임하고 방언이 터진다(행 10:44-46). 이제 이방인과 유대인의 민족 간 장벽마저 허물어진다. 사도행전에서 마지막으로 전하고 있는 성령의 임재 사건은 에베소에서 일어났다. 바울이 안수할 때 성령이 임하고 방언이 터졌다(행 19:6).

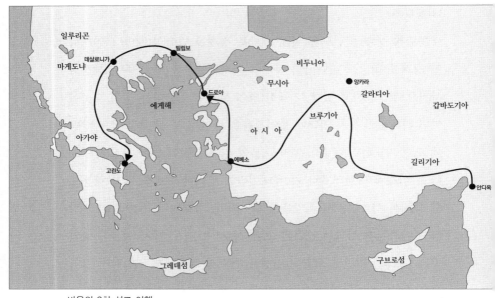

바울의 3차 선교 여행

여기에 등장하는 세례 요한의 세례만 알던 제자들은 불완전한 그리스
도인들을 상징한다. 누가는 그들을 '제자'라고 부른다. 그런데 그들
은 성령을 알지도 못하고 주 예수의 이름으로 세례를 받지도 않았다.
이 경우를 볼 때 초대교회에 매우 다양한 형태의 소종파(小宗派)들이
존재했을 가능성을 보여 준다. 바울은 그들에게 하나님의 도를 정확
하게 가르치고 다시 세례를 받게 하여 완전한 그리스도인으로 만든
다. 이들 위에 성령이 임한 사건은 그들이 온전한 제자가 되었음을 보
여 주는 표지이다.

바울의 거침없이 담대하게

사도행전에서 보여 주는 성령은 선교와 예언과 능력의 영이다. 구원받을 때 즉시 임하는 구원의 영이 아니라 이미 구원받은 자들에게 선교적 필요를 위해 역사하는 영이다. 구원의 영으로서의 성령 이해는 바울 서신서에 주로 나타난다. "그리스도 예수 안에 있는 생명의 성령의 법이 죄와 사망의 법에서 너를 해방하였음이라"(롬 8:2), "누구든지 그리스도의 영이 없으면 그리스도의 사람이 아니라"(롬 8:9), "그가 또한 우리에게 인치시고 보증으로 우리 마음에 성령을 주셨느니라"(고후 1:22). 예수 그리스도를 믿고 그 은혜 가운데 있는 자는 이미 성령을 받았다. 성령이 우리 안에 있다는 것은 우리가 구원받았다는 보증이다. 이런 점에서 볼 때 우리는 구원의 보증으로서의 성령의 부으심과, 성령 세례 또는 성령 충만과 구분해야 할 것이다. 성령은 예수를 믿고 구원받은 모든 자에게 주어진다. 그러나 성령 세례나 성령 충만은 하나님의 특별한 목적과 사역을 위해 또 성도들의 신앙적 유익과 교회의 유익을 위해 부어지는 특별한 능력이다. 사도행전에서는 구원의 보증으로서의 성령 사역보다는 선교와 예언과 능력의 영으로서 역사하는 성령 사역이 주로 언급되고 있다.

두란노 사역

에베소는 아시아 최대의 도시였다. 이곳은 소아시아를 가로지르는 주요 도로들의 기점이 되는 곳으로 에베소 항구를 통해 지중해와 로마로 연결되었다. 그래서 에베소는 "아시아의 빛", "아시아의 시장"으로 불렸다. 에베소는 또한 아데미, 곧 아르테미스 신전이 있는 곳으로 유명했다. 이 신전은 저지대에 웅장한 규모로 세워졌는데 아테네의 파르테논 신전보다 네 배나 크고 그 높이가 18미터에 달하는 127개의 기둥으로 이루어져 당시 세계 7대 불가사의 중 하나에 들 정도였다. 그러나 활기찼던 이 도시도 인근 카이스터 강에서 흘러내려온 토사가 쌓여 지금은 내륙으로 10여 킬로미터 안쪽으로 들어간 폐허의 도시가 되었다. 교회사적으로 에베소 교회는 매우 유명하다. 디모데가 이곳 에베소의 초대 감독이었다고 하며(딤전 1:3), 빌레몬서의 노예 오네시모가 사역했다고 알려졌으며, 후에 요한 사도와 예수의 어머니 마리아가 이곳에서 활동하고 여생을 보냈다고 전해진다.

바울의 에베소 사역은 다른 곳에서와 마찬가지로 먼저 회당을 중심으로 이루어졌다. 석 달을 강론하자 그중 일부 믿는 제자들이 생겼다. 바울은 이들을 따로 모아 두란노 서원에서 2년 동안 매일 강론을 했다. 바울의 선교 사역에서 가장 오랜 기간이다. 사도행전의 중요 이본(異本) 중 하나인 서방 사본(western text)은 바울이 두란노에서 오전 11시부터 오후 4시까지 강론을 했다고 첨가하고 있다. 이 시간은 중동 지방에서는 일하지 않고 쉬는 시간이다. 아마도 바울은 아침저녁으로는 일하고 쉬는 시간을 이용해서 말씀을 가르쳤던 것 같다. 바

바울의 거침없이 담대하게

울은 에베소 장로들을 모아 놓고 밀레도 설교를 하면서 "이 손으로 나와 내 동행들이 쓰는 것을 충당하였다"(행 20:34), "내가 삼 년이나 밤낮 쉬지 않고 눈물로 각 사람을 훈계하였다"(행 20:31)고 전한 바 있다. 바울은 쉬지 않고 밤낮으로 일하며 복음을 전했던 매우 열정적인 복음전도자였다.

두 해 동안의 바울의 사역이 이룬 놀라운 결과에 대해서 누가는 세 가지 현상으로 요약하고 있다. 첫째는 "아시아에 사는 자는 유대인이나 헬라인이나 다 주의 말씀을 들었다"(행 19:10)는 간략한 보도다. 다른 지역에서는 바울이 직접 찾아가며 복음을 전했지만 에베소에서는 한 곳에서 집중적인 사역을 하여 그 주변에까지 복음이 전파되는 결

에베소 거리와 정면에 보이는 셀수스 도서관. 두란노 서원은 이와 유사한 형태의 학원이었을 것이다

과를 빚었다. 대표적인 곳으로 골로새, 라오디게아, 히에라볼리 교회를 들 수 있다. 이 세 도시는 에베소에서 동쪽으로 약 190킬로미터 떨어진 리쿠스(Lycus) 계곡에 위치한 도시들이다. 이곳 교회는 바울이 직접 전도하지 않고 에바브라가 개척한 교회들로 추정이 된다. "이와 같이 우리와 함께 종 된 사랑하는 에바브라에게 너희가 배웠나니"(골 1:7), "그(에바브라)가 너희와 라오디게아에 있는 자들과 히에라볼리에 있는 자들을 위하여 많이 수고하는 것을 내가 증언하노라"(골 4:13). 이 지역 교회들은 바울이 에베소에서 사역하는 동안 개척되었을 가능성이 높다.

둘째는 바울의 위대한 능력이다. 바울은 희한한 능력을 행하기도 하였는데, 바울의 몸에 있던 손수건이나 앞치마를 가져다가 병든 사람에게 얹으면 그 병이 떠나고 악귀도 나갔다(행 19:12). 이런 기적은 일찍이 베드로에게서도 나타난 바 있었는데 베드로가 지나갈 때 그 그림자에 닿으면 병이 나을까 하여 사람들이 그 앞에 나아왔다고 누가는 전한다(행 5:15-16). 심지어 악귀들이 예수와 바울의 이름을 알았으며, '바울이 전파하는 예수의 이름'으로 귀신을 내쫓으려던 유대인들이 그 악귀에게 당한 일로 인하여 바울과 교회를 두려워하는 일이 발생하기도 하였다. 누가는 바울의 신비적인 능력을 마음껏 드러내고 있다. 바울 서신서에서는 기껏해야 "표적과 기사의 능력으로 성령의 능력으로 이루어졌으며"(롬 15:19)라며 겸손하게 전하는데 비해 누가는 그 능력을 자세히 전하며 바울을 매우 영광스럽게 높이고 있다.

셋째는 마술을 행하던 많은 사람들이 마술 책을 모아다가 사람들 앞에서 불태웠는데 그 값이 5만 드라크마에 달했다고 한다. 5만 드라크마는 5만 일 분의 노동자 임금에 해당하는 큰 액수였다. 요한 웨슬리가 복음을 전하는 곳에는 술집과 극장이 문을 닫는 일이 일어났듯이 복음의 능력으로 말미암아 실질적인 개혁과 정화 운동이 에베소에서 일어난 것이다. 이뿐만 아니라 아데미의 신상 모형을 팔아 큰 이익을 남기던 은세공장이의 장사에도 타격을 입힐 정도였다(행 19:24-27). 초대교회 복음의 영향력은 AD 111년 터키 북부 비두니아(행 16:7) 총독으로 부임했던 플리니(Pliny the Younger)의 서신에서도 확인할 수 있다. 이 지역에 너무 많은 그리스도인이 살고 있으며 이 때문에 이교도 신전들이 거의 유기되었고, 축제가 중지되었으며, 이들에게 바칠 제물을 사는 자도 거의 없었다고 보고하고 있다.

에베소에서 당한 바울의 고난

누가는 에베소에서 당한 바울의 고난에 대해서는 거의 언급하지 않는다. 다만 한 가지 소동을 전하고 있을 뿐이다(행 19:23-41). 바울의 선교로 말미암아 믿는 자들이 많아지고 또 바울이 사람의 손으로 만든 우상을 비판하자 이에 생계에 위협을 느낀 은세공장이들을 중심으로

에베소 연극장

바울을 붙잡으려 하였다. 그러나 바울을 잡는 데는 실패하고 대신 가
이오와 아리스다고를 붙들어 연극장으로 데리고 갔다. 이곳 연극장은
원형극장으로 2만 5천 명을 수용할 수 있을 정도의 규모였다. 바울은
자신을 드러내려 하였으나 제자들과 아시아 주의 관리라는 바울의 친
구들이 바울을 만류하였다.

　군중들은 흥분하여 연극장으로 몰려들었으나 그들이 무슨 이유로
모였는지 알지 못했다고 누가는 전한다. 유대인들도 함께 왔는데 그
중 유대인의 대표인 알렉산더가 연설을 하려고 했다. 유대인들이 온
목적은 분명하지 않은데 바울을 비방하기 위해서 왔거나 아니면 기독

　　　　　　　　　　　　　바울의 거침없이 담대하게

교에 대항하여 유대교를 보호하기 위해서 왔을 것이다. 그러나 유대인들도 우상을 반대하는 것을 잘 아는 에베소인들이 "크다 에베소 사람의 아데미여" 하면서 두 시간 동안 광란의 시위를 하였다. 시위가 잠잠해지자 에베소 시의 서기장이 무리를 진정시키며 경솔히 행동하지 말 것을 주문한다. "우리가 붙잡아 온 이 사람들은 신전 물건을 훔치지도 않았고, 아데미 여신을 비방하지도 않았다. 만일 문제가 있다면 절차를 따라 고발하여 정식 재판이나 민회를 청구해야 할 것이다." 서기장은 이 집회가 한마디로 '불법 집회'(행 19:40)라는 결론을 내린다. 이런 소동은 단순히 바울만 당했던 오해와 위험이 아니었을 것이다. 초대 그리스도교 교회가 흥분한 군중들에 의해서 빈번하게 당했던 핍박의 실상이다. 이 과정에서 무고히 죽거나 고난을 당했던 신자들도 많았을 것이다. 누가는 바울의 사례를 통해 신앙인들의 무고함을 항변하고 있다.

바울 서신서에서도 에베소에서 당했던 환난들에 대해서 간헐적으로 언급하고 있다. 먼저 고린도전서 15장을 들 수 있다. "어찌하여 우리가 언제나 위험을 무릅쓰리요 형제들아 내가 그리스도 예수 우리 주 안에서 가진 바 너희에 대한 나의 자랑을 두고 단언하노니 나는 날마다 죽노라 내가 사람의 방법으로 에베소에서 맹수로 더불어 싸웠다면 내게 무슨 유익이 있으리요"(고전 15:30-32). 부활이 없다 하는 자들을 반박하며 바울은 자신이 에베소에서 당한 고난을 언급하였다.

고린도전서는 에베소에서 기록되었는데 바울은 날마다 죽음의 위기를 느꼈다고 한다. 맹수와 더불어 싸웠다는 말은 비유적으로 표현된 것 같다. 바울은 에베소에서 맹수와 실제로 맞서 싸운 것은 아니지만 그 정도의 위험을 감수했다. 고린도후서의 바울의 역경 목록(고후 11:23-27)에는 맹수와 싸웠다는 말은 없다. 고린도후서 11장 23절의 "내가 수고를 넘치도록 하고 옥에 갇히기도 더 많이 하고 매도 수없이 맞고 여러 번 죽을 뻔하였으니"가 에베소에서 경험했던 고난을 압축하고 있다고 볼 수 있다. 바울은 고린도후서 1장 8, 9절에서 "형제들아 우리가 아시아에서 당한 환난을 너희가 모르기를 원하지 아니하노니 힘에 겹도록 심한 고생을 당하여 살 소망까지 끊어지고 우리는 우리 자신이 사형 선고를 받은 줄 알았으니"라고 고백하고 있다. 아시아는 아시아 주의 중심 도시인 에베소를 의미한다.

빌립보서는 대표적인 옥중 서신이다. "나의 매임이 그리스도 안에서 모든 시위대 안과 그 밖의 모든 사람에게 나타났으니"(빌 1:13). 시위대는 로마 궁정에만 있었던 것이 아니라 에베소와 같이 로마 제국의 행정 관청이 있는 곳에도 있었다. 이 감옥의 후보지로 로마 감옥과 가이사랴 감옥도 거론되지만 가장 유력한 곳은 에베소 감옥 설이다. 바울은 에베소 감옥에 수감되어 있으면서 한 때 죽음의 위기를 느꼈던 것 같다. 바울은 빌립보서에서 자신의 마음을 이렇게 표현하고 있다. "내게 사는 것이 그리스도니 죽는 것도 유익함이니라 그러나 만일 육신으로 사는 이것이 내 일의 열매일진대 무엇을 택해야 할는지 나는 알지 못하노라 내가 그 둘 사이에 끼었으니 차라리 세상을 떠나서 그리스도와 함께 있는 것이 훨씬 더 좋은 일이라 그렇게 하고 싶으나 내가 육신으로 있는 것이 너희를 위하여 더 유익하리라"(빌 1:21-24). 재판의 결과가 어떻게 나올지 모르는 상황에서 죽음의 위기를 느꼈으나 이제는 그런 위험에서 벗어나게 되었고 빌립보 성도들을 다시 대할 수 있게 된 사실을 이처럼 표현한 것이다.

또 하나의 옥중 서신으로서 빌레몬서를 들 수 있다. "나이가 많은 나 바울은 지금 또 예수 그리스도를 위하여 갇힌 자 되어"(몬 1:9). 바울은 감옥에 갇혀 있는 중에 오네시모라는 한 도망 노예를 전도하게 되었다(몬 1:10). 오네시모의 주인은 빌레몬이었는데 그는 주인의 돈을 훔쳐 달아났던 듯하다(몬 1:18). 골로새서에서는 오네시모의 출신지가 골로새임을 밝히고 있다. "신실하고 사랑을 받는 형제 오네시모를 함께 보내노니 그는 너희에게서 온 사람이라"(골 4:9). 아마 빌레몬은 골로새에서 가정 교회를 이루고 있었던 사람으로 추정된다(몬 1:2). 바울은 에베소 감옥에서 만나게 된 오네시모가 자기에게 유익한 사람이 되었음을 밝히고, 주인인 빌레몬에게 돌려보내며 그를 용서하고 정중히 받아줄 것을 요청하기 위해서 빌레몬서를 썼다. 바울은 노예인 오네시모에 대하여 "이 후로는 종과 같이 대하지 아니하고 종 이상으로 곧 사랑 받는 형제로 둘 자라"(몬 1:16)고 하며, "네가 나를 동역자로 알진대 그를 영접하기를 내게 하듯 하라"(몬 1:17)고 주인인 빌레몬에게 부탁한다. 초대 그리스도교 공동체는 고대 노예제 사회에 대해 제도적으로 저항하지는 않았지만 이미 그 안에서 형제자매라는 가족 공동체를 이룸으로써 실질적으로 노예제도의 근간을 무력화하고 있었던 것이다. 이 오네시모가 나중에 에베소의 감독이 되었다고 교회사는 전하고 있다.

에베소 사역이 끝나갈 무렵에 바울은 앞으로 있을 선교 여행의 계획을 밝힌다. "이 일이 있은 후에 바울이 마게도냐와 아가야를 거쳐 예루살렘에 가기로 작정하여 이르되 내가 거기 갔다가 후에 로마도 보아야 하리라"(행 19:21). 사도행전의 나머지 부분은 바울이 밝힌 이 계획대로 선교 여정이 진행된다. 여기서부터 바울 선교의 새 국면이 시작된다.

바울의 거침없이 담대하게

09
예루살렘으로 가는 길

바울의 유서가 된 로마서

에베소 사역을 마친 후 바울은 마게도냐로 건너간다. 에베소 사역 이후 부분은 누가가 대충 다루고 있다. 아마도 누가는 바울의 예루살렘 행과 재판, 로마행을 묘사하는 데 더 관심을 기울이고 있는 것 같다. 바울 서신서와 비교해 보면 바울은 먼저 에베소 북쪽에 있는 드로아 항구로 갔다(고후 2:12). 고린도후서에서는 디도를 만나려고 했지만 만나지 못해 마음이 편치 못했다고 한다. 바울은 여기서 배를 타고 마게도냐로 건너갔다. 이 부분은 고린도후서 2장 13절과 사도행전 20장 1절이 일치한다. 사도행전은 단순하게 그 지방을 다녀가며 여러 말로 제자들에게 권했다고 보도한다. 바울은 아마 빌립보, 데살로니가, 베뢰아 교회 등을 방문했을 것이다. 고린도후서에서는 마게도냐에서 바울의 사역도 편치 않았다고 전한다. "우리가 마게도냐에 이르렀을 때에도 우리 육체가 편하지 못하였고 사방으로 환난을 당하여밖으로는 다툼이요 안으로는 두려움이었노라"(고후 7:5). 그러다 기다리던 디도를 이곳에서 만났고(고후 7:6), 바울은 고린도후서를 써서 다시 디도 편에 보냈다. 바울은 아마 이곳에서 예루살렘을 위한 헌금을 모금하는 일을 독려했을 것이다. 이에 대한 내용은 고린도후서 8장과 9장에 잘 기록되어 있다. "내가 너희를 위하여 마게도냐인들에게 아가야에서는 일 년 전부터 준비하였다는 것을 자랑하였는데 과연 너희의 열심이 퍽 많은 사람들을 분발하게 하였느니라"(고후 9:2). 또 하나의 가능성으로 열어 둘 수 있는 것은 앞에서 언급했던 일루리곤 선교다. 마게도냐를 방문했을 때 그 서쪽 편에 있는 일루리곤까지 복음을 전했을 가능성도 있다.

마게도냐 사역을 마치고 바울은 고린도로 내려갔다. 사도행전은 20장 2, 3절에 헬라에 이르렀다, 거기서 석 달 동안 머물렀다고 보도하는데, 헬라는 바로 고린도를 가리킨다. AD 56년경 정도로 추정되는 이때에 고린도에서 겨울을 보내면서 했던 바울의 중요한 일 중 하나는 바로 로마서를 써서 보낸 것이다. 고린도에서 로마서를 썼다는 확실한 근거는 로마서를 전달했던 자매 뵈뵈가 고린도 인근 항구인 겐그레아의 일꾼이었다는 점(롬 16:1)을 들 수 있지만, 보다 중요한 것

바울의 거침없이 담대하게

은 바울이 처해 있는 상황과 선교 계획이다. 바울은 소아시아와 그리스 지역의 선교가 마쳤다고 생각하면서 이제 새로운 선교지인 서바나 쪽으로 가려고 한다. "내가 예루살렘으로부터 두루 행하여 일루리곤까지 그리스도의 복음을 편만하게 전하였노라"(롬 15:19), "이제는 이 지방에 일할 곳이 없고 또 여러 해 전부터 언제든지 서바나로 갈 때에 너희에게 가기를 바라고 있었으니"(롬 15:23). 바울은 서바나로 가기 전에 먼저 로마를 방문해서 그곳의 성도들과 교제하고 또 그들의 지원을 받아서 서쪽으로 선교 가기를 원했다. "이는 지나가는 길에 너희를 보고 먼저 너희와 사귐으로 얼마간 기쁨을 가진 후에 너희가 그리로 보내주기를 바람이라"(롬 15:24).

그러나 로마로 가기 전에 바울은 먼저 해야 할 일이 있었다. 그것은 마게도냐와 아가야 성도들이 예루살렘의 가난한 성도들을 위해서 한 헌금을 가지고 예루살렘을 방문하는 일이었다. "그러나 이제는 내가 성도를 섬기는 일로 예루살렘에 가노니 이는 마게도냐와 아가야 사람들이 예루살렘 성도 중 가난한 자들을 위하여 기쁘게 얼마를 연보하였음이라"(롬 15:25-26). 이런 일련의 상황들과 계획들이 맞아 떨어져서 고린도에서 로마서가 작성되었다는 추론이 가능하다. 그렇지만 이런 계획이 로마서의 성격을 복잡하게 만들어 버렸다. 로마서는 로마에 보내는 편지이지만 동시에 바울은 예루살렘 교회 방문을 앞두고 있다. 예루살렘 교회와 관계가 원만했으면 문제가 되지 않았겠지만 바울은 그러하지 못했다. 바울은 율법과 대항해서 싸웠고 예루살렘 교회는 율법에 옹호적인 입장을 가지고 있었다. 더구나 만약 이전에 썼던 갈라디아서를 예루살렘 교회가 보았다면 그 갈등은 더 깊어졌을 것이다. 바울은 갈라디아서에서 율법 무용론을 주장하며 큰 사도들을 거침없이 비방했다. 예루살렘 방문을 앞두고 바울이 긴장하고 있다는 것은 로마 교회 성도들에게 기도 부탁하는 내용에서도 알 수 있다. "너희 기도에 나와 힘을 같이하여 나를 위하여 하나님께 빌어 나로 유대에서 순종하지 아니하는 자들로부터 건짐을 받게 하고 또 예루살렘에 대하여 내가 섬기는 일을 성도들이 받을 만하게 하고"(롬 15:30-31). 바울은 자신이 가지고 가는 헌금을 예루살렘 교회가 받지 않을 가능성도 염두에 두고 있다. 신학적인 갈등이 이처럼 교제의 단절에 이를 정도로 확대된 것이다.

이런 갈등은 바울 개인적인 문제만이 아니라 바울이 개척했던 이방인 교회들에게도 해당되는 문제였다. 기약하기 어려운 서바나 선교를 떠나며 바울은 그동안 개척했던 교회들이 혼란에 빠지는 것을 방치할 수 없었을 것이다. 바울은 율법과 복음에 대해서 체계적으로 정리하는 것이 필요했다. 이런 이유 때문에 로마서의 성격이 복잡해졌다. 그래서 어떤 학자들은 로마서가 로마에 보낸 편지이지만 그 실제 수신인은 예루살렘 교회였다고 말하기도 하고, 귄터 보른캄(G. Bornkamm) 같은 학자는 로마서는 '바울의 유서'였다고 주장한다.

실제 그의 마지막 편지이기도 하고 바울의 신학을 집대성하고 있기도 해서 그렇다.

로마서는 갈라디아서처럼 율법이나 유대인을 무시하지 않는다. "첫째는 유대인에게요 또한 헬라인에게로다"(롬 1:16, 2:9, 10, 3:9, 10:12)를 반복한다. "그들은 이스라엘 사람이라 그들에게는 양자(養子) 됨과 영광과 언약들과 율법을 세우신 것과 예배와 약속들이 있고 조상들도 그들의 것이요 육신으로 하면 그리스도가 그들에게서 나셨으니"(롬 9:4-5)라 하며 유대인과 유대 전통을 높인다. "율법은 거룩하고 계명도 거룩하고 의로우며 선하도다"(롬 7:12) 하며 율법의 선함을 주장한다. 그러면 문제는 무엇인가? 그것은 율법 앞에서의 인간의 실패다. "의인은 없나니 하나도 없으며"(롬 3:10). 율법은 이 과정에서 인간의 죄를 깨닫게 하는 선한 역할을 한다. 이제는 율법 외에 하나님의 다른 의가 나타났다. "예수 그리스도를 믿음으로 말미암아 모든 믿는 자에게 미치는 하나님의 의니"(롬 3:22). 아브라함의 예에서 보듯이 믿음으로 말미암는 의는 할례로 대표되는 율법보다 결코 뒤진 것이 아니다(롬 4장). 아담 한 사람으로 말미암아 모든 인류가 죄와 사망 가운데 있게 되었지만 그리스도 한 사람의 순종으로 인해 모든 사람이 의와 생명을 얻게 되었다(롬 5장). 세례라는 상징에서 보듯이 믿는 자는 죄에 대해서 죽고 해방되어 이제는 의와 영생 가운데 산다(롬 6장). 바울은 율법 아래 있는 자의 모습과 성령 안에 있는 자의 모습을 대조시켜 보여 줌으로써 최종적으로 복음의 우월성을 선언한다(롬 7, 8장).

로마서 1~8장을 복음에 대해서 체계적으로 설명했다고 하여 로마서의 핵심 부분으로 간주하며, 9~11장은 부록 취급을 하는 경향이 있다. 그러나 바울이 밝히고 싶었던 속마음은 로마서 9~11장에 있다. 바울은 자신이 그렇게 사모하고 열정적으로 붙잡았던 그리스도의 은혜로부터 멀어질지라도 원하는 바는 자기 동족인 유대인의 구원이라 밝힌다. "나의 형제 곧 골육의 친척을 위하여 내 자신이 저주를 받아 그리스도에게서 끊어질지라도 원하는 바로라"(롬 9:3). 그렇다면 그는 왜 유대인의 사도가 되지 않고 이방인의 사도가 되었는가? 여기서 바울은 하나님의 구원사를 설명한다. 구약 시대의 하나님의 구원사는 유대인을 선택하고 이방인은 버리는 것이었다. 그러나 그리스도 이후에는 유대인이 버림을 받고 이방인이 그 은혜를 받게 되었다. 바울은 역사의 마지막에 다시 하나님의 구원사가 유대인에게 향하게 될 것이라고 믿고 있다. "형제들아 너희가 스스로 지혜 있다 하면서 이 신비를 너희가 모르기를 내가 원하지 아니하노니 이 신비는 이방인의 충만한 수가 들어오기까지 이스라엘의 더러는 우둔하게 된 것이라 그리하여 온 이스라엘이 구원을 받으리라"(롬 11:25-26).

하나님께서 계획하고 계신 이방인의 충만한 수가 차면 하나님의 은혜는 다시 유대인에게 향하게 될 것이다. 바울이 부지런히 복음을 전했던 이유는 이 이방인의 수를 채우기 위해서였다. 이방인들이 하나님의 구원을 받는 모습을 보며 유대인들이 시기심이 나서 복음을 믿게 하려는 뜻에서였다. "내가 이방인인 너희에게 말하노라 내가 이 방인의 사도인 만큼 내 직분을 영광스럽게 여기노니 이는 혹 내 골육을 아무쪼록 시기하게 하여 그들 중에서 얼마를 구원하려 함이라"(롬 11:13-14). 이것이 바울 사도의 민족 사랑이었다. 유대 민족과는 더 멀어지는 길을 가고 있는 것처럼 보이지만 바울 사도의 중심은 늘 유대 민족을 향하고 있었다. 이런 자신의 진심을 알아주지 못했던 예루살렘 교회나 유대주의적 경향의 사람들에 대하여 바울은 매우 섭섭했을 것이다.

예루살렘을 위한 헌금

고린도에서 겨울을 난 바울은 예루살렘을 향한 장도에 오른다. 겐그레아에 내려가 배를 타고 가는 것이 가장 빠른 길이 될 것이다. 그러나 바울은 그렇게 할 수 없었다. 그를 해하려는 유대인들의 공모가 있었기 때문이다. 바울은 어쩔 수 없이 육로로 마게도냐를 통과해서 가는 길을 택한다. 이 여행길에 합류한 일곱 사람의 이름을 누가는 특별히 언급한다. 베뢰아 사람 소바더, 데살로니가 사람 아리스다고와 세군도, 더베 사람 가이오와 디모데, 아시아 사람 두기고와 드로비모였다. 이들은 왜 바울과 동행했을까? 바울을 보호하기 위해서였을까?

일곱 사람의 면모를 보면 바울이 개척했던 교회에서 파송된 대표자들임을 알 수 있다. 이들은 바로 예루살렘에 헌금을 전하러 갈 각 교회의 대표자였던 것이다. 바울은 고린도전서에서 이렇게 말한 적이 있다. "내가 이를 때에 너희가 인정한 사람에게 편지를 주어 너희의 은혜를 예루살렘으로 가지고 가게 하리니 만일 나도 가는 것이 합당하면 그들이 나와 함께 가리라"(고전 16:3-4). 안전이 보장되지 않던 고대 사회에서 거금을 혼자 들고 갈 수는 없었다. 이들은 안전을 위해서, 또 각 교회에서 모금한 헌금이 제대로 전달되도록 책임자로 동행하게 된 것이다.

바울이 선교하는 과정에서 다른 무엇보다 힘썼던 것이 바로 예루살렘을 위한 구제였다. 이는 갈라디아서 2장에서 사도들과 맺었던 협약의 일부이기도 했다. "다만 우리에게 가난한 자들을 기억하도록 부탁하였으니 이것은 나도 본래부터 힘써 행하여 왔노라"(갈 2:10). 바울이 개척했던 교회들에서는 주일에 정기적으로 헌금을 했던 것 같다. "성도를 위하는 연보에 관하여는 내가 갈라디아 교회들에게 명한 것같이 너희도 그렇게 하라 매주 첫날에 너희 각 사람이 수입에 따라 모아 두어서 내가 갈 때에 연보를 하지 않게 하라"(고전 16:1-2). 바울은 환난과 가난 가운데서도 아낌없이 헌금을 했던 마게도냐 교회를 칭찬하기도 했다. "형제들아 하나님께서 마게도냐 교회들에게 주신 은혜를 우리가 너희에게 알리노니 환난의 많은 시련 가운데서 그들의 넘치는 기쁨과 극심한 가난이 그들의 풍성한 연보를 넘치도록 하게 하였느니라"(고후 8:1-2). 고린도 교회를 향해서는 헌금을 제대로 하고 있는지 재촉하기도 하였다. "혹 마게도냐인들이 나와 함께 가서 너희가 준비하지 아니한 것을 보면 너희는 고사하고 우리가 이 믿던 것에 부끄러움을 당할까 두려워하노라"(고후 9:4).

바울은 왜 이토록 예루살렘을 위한 헌금에 집착했을까? 물론 그것은 서로 간의 협약 사항이고 신앙인으로서 당연한 사랑의 실천이었다고 평가할 수 있을 것이다. 그러나 바울에게는 또 다른 목적이 있었으니 바로 이방인 교회와 유대인 교회의 화해였다. 로마서에서 바울은 이렇게 말한다. "마게도냐와 아가야 사람들이 예루살렘 성도 중 가난한 자들을 위하여 기쁘게 얼마를 연보하였음이라 저희가 기뻐서 하였거니와 또한 저희는 그들에게 빚진 자니 만일 이방인들이 그들의 영적인 것을 나눠 가졌으면 육적인 것으로 그들을 섬기는 것이 마땅하니라"(롬 15:26-27). 복음은 유대인들에게서 나왔기에 이방인들은 영적인 빚을 졌다. 대신 그들은 육적인 물질로 헌금함으로서 그 빚을 갚는 것이 당연하다는 논리다. 만약 예루살렘 교회가 이 헌금을 받아들인다면 그것은 바울 사도가 개척한 이방 교회들을 예루살렘 교회가 수용한다는 의미가 될 것이다. 바울이 바로 로마로 가지 않고 위험이 예고되어 있는데도 부득불 예루살렘을 방문하려 했던 중요한 이유가 여기에 있다.

이 헌금을 예루살렘 교회가 받았을까? 이상할 정도로 사도행전에서는 바울이 매우 중요하게 생각했던 이 헌금 문제에 대해서 침묵하고 있다. 누가는 바울이 예루살렘을 방문하는 이유를 직접적으로 밝히지 않는다. 다만 한 구절에서 스치듯이 이렇게 밝히고 있을 뿐이다. 바울이 재판받는 과정에서 한 말이다. "여러 해 만에 내가 내 민족을 구제할 것과 제물을 가지고 와서"(행 24:17). 누가는 예루살렘 교회와 바울의 연대를 매우 강조한다. 그런데도 불구하고 누가가 침묵하는 이유는 예루살렘 교회가 이 헌금을 받지 않아서였을 가능성이 높다. 구제금을 받았다면 누가는 그 누구보다 크게 부각시켰을 것이다. 누가는 단지 바울이 자기 돈으로 성전에서 결례를 행하는 네 사람의 비용을 댄 일만 언급할 뿐이다(행 21:24). 이 비용은 바울의 개인 돈이었을까, 아니면 마게도냐와 아가야 성도들의 헌금이었을까?

예루살렘 교회가 이처럼 강경한 태도를 보이는 이유에 대해서 우리는 이해할 필요가 있다. 예루살렘은 유대 율법의 본산지이며, 예루살렘 교회의 주된 성원은 유대주의에 충실했던 사람들이다. 바울은 유대인들에게 반율법주의자로 낙인이 찍혔는데 바울이 준 헌금을 받았다고 한다면 예루살렘 교회도 큰 곤경에 처할 수 있었다. 예루살렘 중심의 선교도 어려워졌을 것이다. 이런 분위기를 의식하여 당시 예루살렘 교회 수장이었던 주의 형제 야고보는 바울에게 결례를 행하는 사람의 비용을 대라고 하여 율법에 충실한 것처럼 보이라고 요구하지 않았던가? 야고보는 율법에 매우 충실한 듯 보이지만 야고보 또한 AD 62년경, 아마 바울이 순교한지 얼마 되지 않아 유대 과격주의 세력에 의하여 순교를 당하고 만다. 베스도 총독 사후에 로마 총독이 없는 기회를 타서 율법을 범하며 예수를 전했다는 이유로 성전에서 밀쳐 떨어진 후 돌과 곤봉에 맞아 야고보는 순교했다. 초대교회의 선교 역사가 늘 성령 충만하고 아름답게 이루어졌던 것은 아니다. 내부적으로 갈등과 분열이 있었지만 하나님은 인간들의 이런 불완전함을 사용하여 자신의 역사를 만들어 가셨다. 바울이 복음을 전할 당시 그는 소수자의 위치였지만 1세기가 지나지 않아 바울은 기독교의 주류가 되었다.

드로아와 밀레도에서

바울과 그 일행들은 마게도냐를 통과하여 빌립보에 이르렀다. 빌립보에서 무교절을 보냈다고 누가는 전한다. 무교절이라면 그리스도교 예식으로는 부활절이 낀 주간이다. 누가는 기독교 절기보다는 유대교 절기를 선호하는 경향이 있다. 바울 일행은 빌립보에서 배를 타고 닷새 만에 드로아에 도착한다. 드로아는 유럽 선교를 처음 시작했던 곳이고 이제 그리스 선교를 마치면서 바울 일행은 다시 방문하게 된다. 바울은 이곳에서 일주일을 머물렀고 주일에 모여서 떡을 떼었다고 한다. 떡을 떼었다는 것은 단순히 식사를 했다는 의미만이 아니라 성만찬을 의미할 것이다. 그날 바울의 강론은 길어졌고 밤중까지 이어졌다. 마침 그곳에는 유두고라는 청년이 삼층에 있는 창에 걸터앉아 있었는데 강론이 오래 계속되자 졸음을 이기지 못하고 떨어졌는데 그만 죽고 말았다. 주일의 은혜로웠던 집회가 순식간에 혼란과 공포의 현장이 되었다.

바울은 청년에게 달려가 그 몸 위에 엎드리고 끌어안는 행동을 취하여 그 생명을 살린다. 이는 청년의 숨이 붙어 있는지 확인하는 행위가 아니다. 죽은 자를 살리는 기적이다. 죽은 아이 몸에 엎드리는 행위를 통해서 아이를 살렸던 엘리야(왕상 17:21-22)와 엘리사(왕하 4:34-35)의 기적을 바울이 재현한 것이다. 누가는 살아난 소년 때문에 사람들이 적지 않게 위로를 받았다고 전한다. 강론은 밤새도록 계속되었다. 철야 집회를 마치고 날이 샌 다음날 바울은 다시 여행길에 올랐다. 이 모습은 예루살렘 여행을 앞두고 있는 바울 사도의 비장함을 엿볼 수 있게 한다. 마지막이 될지도 모르는 드로아 교인들과의 만남에서 바울은 자신이 알고 있고 가지고 있던 모든 것을 쏟아놓았던 것이다.

바울의 비장함은 누가가 담담히 던져놓은 한 구절의 문장에서도 느낄 수 있다. "우리는 앞서 배를 타고 앗소에서 바울을 태우려고 그리로 가니 이는 바울이 걸어서 가고자 하여 그렇게 정하여 준 것이

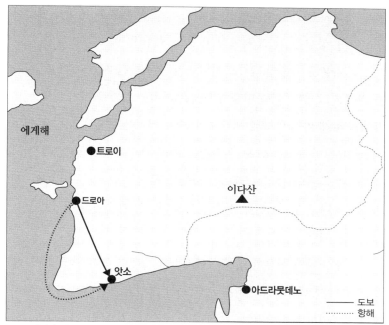

에게해

트로이

드로아

이다산

앗소

아드라뭇데노

도보
········· 항해

드로아에서 앗소로 가는 길

라"(행 20:13). '우리' 일행들은 드로아에서 배를 타고 앗소로 갔고, 바울은 걸어서 앗소까지 갔다. 드로아에서 앗소까지 거리는 약 32킬로미터이다. 철야 집회를 마치고 피곤했을 텐데 그리 짧지 않은 길을 바울은 왜 일행과 떨어져 홀로 걸어갔을까? 건강 때문에 혹은 선교 때문에 등 여러 가지를 상상할 수 있다. 하지만 이후에 전개되는 바울의 위험 예고와 실제 예루살렘에서 부딪혔던 위험들을 생각할 때 바울은 홀로 생각할 시간이 필요했던 것 같다. 앞으로 닥쳐올 위험을 예감하며, 이미 성령은 각 도시에서 바울의 환난을 예고하고 있었다(행 20:23). 바울은 마음을 다지고 하나님의 은혜를 간구하는 고독의 시간을 가졌을 것이다. 이런 바울의 모습은 마치 십자가를 지기 위해 예루살렘을 향해 가던 예수를 생각나게 한다. 마가는 예수의 모습을 이렇게 전한다. "예루살렘으로 올라가는 길에 예수께서 그들 앞에 서서 가시는데 그들이 놀라고 따르는 자들은 두려워하더라"(막 10:32). 제자들이 놀라고 두려워했던 것은 앞서서 가시는 예수님의 비장함을 보았기 때문이다.

앗소에서 다시 합류한 일행은 에베소를 그대로 통과하여 밀레도에 이른다. 에베소는 바울이 가장 오랜 시간 사역을 했던 곳이다. 이것이 마지막 여행이라면 당연히 가야겠지만, 누가는 오순절에 맞추어 급히 가야 했기에 에베소에 들리지 않았다고 설명한다. 또 다른 이유를 든다면 에베소는 바울이 많은 환난을 당했던 곳으로 위험이 상존하고 있기 때문일 것이다. 대신 바울은 에베소의 장로들을 밀레도로 부른다. 에베소에서 밀레도까지는 직선거리로 50킬로미터이다. 왕복하기에는 적지 않은 거리다.

장로들은 교회 지도자들이다. 예루살렘 교회도 초기에는 사도들로 대표되었다가(행 2:14, 6:2, 8:14) 빠르게 장로들로(행 15:4, 21:18) 교체되어가는 것을 볼 수 있다. 초대교회는 사도 시대 이후 장로들 중심의 교회로 되었다가 2세기에는 장로들 중 대표를 감독으로 세우는 군주적 감독제의 모습을 갖추어 갔다. 바울의 밀레도 설교(행 20:18-35)는 비신앙인들을 대상으로 한 복음의 설교가 아니라 신앙인들을 대상으로 한 목회적 설교다. 대상은 에베소 장로들이지만 사실은 초대교회 전체 지도자들을 향하고 있었다. 밀레도 설교에서 보여 준 바울의 사역과 권면은 교회 모든 지도자들이 모범으로 삼아야 할 교훈이다.

먼저 바울은 자신의 에베소 사역을 돌이켜 보게 한다(행 20:18-21). 바울이 아시아에 들어온 첫날부터 지금까지 어떻게 행동했는지는 장로들이 지켜보아서 익히 잘 아는 바다. 바울은 겸손과 눈물로 섬겼으며, 유대인의 간계로 말미암은 시험이 있었지만 인내했다. 성도들에게 유익한 것이라며 위축되지 않고 무엇이든지 전하고 가르치기 위해 힘썼다. 유대인과 이방인을 대해서는 회개를 촉구하고 담대히 주 예수 그리스도의 복음을 전했다. 선교와 양육, 지도자의 인내와 겸손, 모든 시험에 담대할 것을 요구한 것이다.

바울은 이어서 자기에게 닥칠 위험을 예고한다(행 20:22-25). 바울은 지금 예루살렘을 향하여 가는데 자기에게 무슨 일이 닥칠지 모른다고 말한다. 성령이 바울에게 말씀하기를 네 앞에 결박과 환난이 기다리고 있다고 하신다. 매 도시를 방문할 때마다 그런 음성을 들려주셨다. 그런데도 가야 하는 이유는 성령에 사로잡혀서, 곧 하나님의 뜻이기 때문이다. 바울은 어떠한 환난이 기다리고 있을지라도 주 예수께 받은 사명, 곧 하나님 은혜의 복음을 증거하는 일을 위해서라면 자기 생명조차 조금도 귀하게 여기지 않는다고 고백한다. 이제 떠나면 다시는 그들의 얼굴을 보지 못하게 될 것이라고 바울은 예감하였고 실제 그 후로 그들을 다시 보지 못했다. 바울의 이런 예고와 더불어 에베소 장로들과 헤어지는 장면은 더욱 비장함을 느끼게 한다. "무릎을 꿇고 그 모든 사람들과 함께 기도하니 다 크게 울며 바울의 목을 안고 입을 맞추고 다시 그 얼굴을 보지 못하리라 한 말로 말미암아 더욱 근심하고 배에까지 그를 전송하니라"(행 20:36-38).

　마지막으로 바울은 교회에 닥쳐올 위험들을 예고하면서 지도자들의 각성을 촉구한다(행 20:26-35). 바울은 하나님의 뜻을 전하기 위해 최선을 다했기에 성도들에게서 발생하는 잘못에 대해서는 책임이 없다고 한다. 바울은 지도자들을 향하여 감독자로 세우신 분은 성령이며, 교회는 하나님이 자기 피로 사신 소중한 것이니 자기를 위하여 또 온 양떼를 위해 신중하고 절제할 것을 요구한다. 특히 지도자들은 이단의 위험에 대비해야 한다. 그들은 사나운 이리처럼 양떼를 해칠 것이며 제자들을 미혹케 할 것이다. 바울은 다시 한 번 자신의 모범을 보여 준다. 바울은 에베소에서 사역하는 삼 년 동안 밤낮 쉬지 않고 가르쳤으며, 어긋난 길을 가는 사람이 있으면 눈물로 훈계하였다. 인간의 부족함을 아는 바울은 최종적으로 주와 은혜의 말씀에 교회를 맡긴다. 말씀의 능력이 그들을 든든히 세울 것이며 거룩하게 만들 것이다. 바울의 노심초사는 마지막 권면에서도 드러난다. 지도자가 넘어지기 쉬운 것이 물질문제다. 바울은 목회하는 동안 자신이 아무의 은이나 금이나 의복을 탐하지 않았다고 한다. 자기 손으로 벌어서 자기뿐만 아니라 동행들도 먹여 살렸다고 한다. 약한 자들을 돕고 그들을 위하여 수고하는 것이 바울의 기쁨이었다. 바울은 진정으로 복된 사람은 받는 자가 아니요, 주는 자라는 예수님의 말씀으로 장로들을 교훈하며 설교를 마무리한다.

바울의 밀레도 설교는 이천 년의 시간이 흐른 오늘에도 여전히 현대 목회자들의 마음을 울리는 반향이 있다.

예루살렘을 향하여

밀레도 설교를 마치고 바울은 배를 타고 곧장 예루살렘을 향해 출발했다. 누가는 고스 → 로도 → 바다라 → 구브로 우편 → 두로에 이르는 상세한 항해 과정을 밝힌다. 이미 드로아에서 밀레도에 도착했을 때도 그랬고, 나중에 가이사랴에서 로마에 이르는 항해 과정에서도 상세한 여행 일정과 경로들이 등장한다. 학자들은 이에 대해서 누가가 바울의 선교 여행과 관련된 항해일지를 입수했을 것이라는 추측을 하기도 한다.

바울 일행이 두로와 가이사랴을 거쳐 예루살렘에 이르는 과정은

예수님의 예루살렘 길과 그 과정에서 보였던 제자들의 무지를 다시
한 번 반복하는 듯하다. 예수님이 예루살렘에서 고난을 받고 죽임을
당해야 한다는 말을 이해하지 못했던 제자들은 그래선 안 된다고 예
수님을 꾸짖기도 했고(막 8:32), 묻기를 두려워했고(막 9:32), 서열 다
툼과 자리 청탁을 했다(막 9:34, 10:37). 그럼에도 불구하고 예수님은
묵묵히 십자가의 길을 가셨다. 예수님의 고난의 길이 이해받지 못했
던 것처럼 바울 사도 또한 동료들로부터 이해받지 못한다. 두로에서
이레를 머물렀는데 그곳에 있던 제자들이 성령의 감동으로 바울더러
예루살렘에 들어가지 말 것을 권고한다(행 21:4). 바울의 반응은 나와
있지 않지만 자기 뜻을 굽히지 않았을 것이다. 바울을 보내는 두로 공
동체의 모습도 비장하다. 그들이 다 그 처자와 함께 성문 밖까지 전송
했고, 바닷가에서 서로 무릎을 꿇고 기도한 후 헤어진다.

돌레마이에 있는 형제들의 공동체에 하루를 머물렀고 이튿날 가이
사랴에 있는 전도자 빌립의 집에 들어가 여러 날 머문다. 빌립의 딸이
넷이 있었는데 이들은 처녀로 예언하는 자였고, 여기에 유대에서 온
아가보라는 선지자가 합세하여 바울의 환난을 예고한다. 바울의 띠를
가져다 자기 수족을 잡아매고 유대인들이 이같이 이 띠 임자를 결박
하여 이방인에게 넘겨줄 것이라고 한다. 실제 그렇게 되었다. 바울은
유대인들에게 잡혀서 이방 총독들에게 넘겨졌다. 이런 예언을 접한
바울과 함께 여행을 하던 '우리' 일행은 가이사랴 공동체의 사람들과

합세하여 예루살렘에 올라가지 말 것을 권한다(행 21:12). 이 글의 저자 누가도 여기에 포함되었을까? 바울은 이런 제안을 단호히 거부하며 이렇게 말한다. "여러분이 어찌하여 울어 내 마음을 상하게 하느냐 나는 주 예수의 이름을 위하여 결박당할 뿐 아니라 예루살렘에서 죽을 것도 각오하였노라"(행 21:13). 바울의 단호함을 보고는 "주의 뜻대로 이루어지이다" 하며 더이상 만류하기를 그친다.

바울이 성령의 뜻을 거스르고 있는가, 아니면 만류하는 사람들이 잘못 판단하고 있는 것인가? 사실 바울의 예루살렘 행은 헌금 전달에도 실패했고 선교에서도 그리 성공적이지 못했다. 지루한 재판 과정으로 2년을 허비했고 또 이것이 그를 죽음으로 몰아갔기 때문이다. 차라리 바로 로마로 향했더라면 더 좋은 결과를 얻을 수 있지 않았을까? 이미 일어났던 역사적 사건을 다른 가정을 들어 설명하려는 것은 쓸데없다. 누가 자기 미래를 예측할 수 있겠는가. 중요한 것은 해석이다. 바울의 예루살렘 행이 성공적이었고 하나님의 뜻이었음을 보여준 사람은 다름 아닌 바로 사도행전의 저자 누가다. 누가는 바울의 재판을 21장에서 26장까지 무려 여섯 장에 걸쳐 다루고 있다. 바울의 1차에서 3차에 이르는 선교 여행과 비슷한 분량이다. 바울의 고난과 재판 하나하나는 중요하다. 그것은 바로 초대교회 교인들이 일상적으로 당했던 위기의 실상이었기 때문이다. 사도행전 독자들은 바울의 재판 과정을 보면서 때로는 통쾌하고, 때로는 분노하고, 때로는 지혜를 얻었을 것이다. 그런 점에서 바울의 고난은 초대 그리스도인들을 대리하는 고난이었다. 바울은 지난한 재판 과정을 통해서 자신이 무죄함을 증명하였다. 바울의 무죄는 곧 그리스도교 공동체의 무죄이다. 누가는 결정적으로 예수의 말을 전함으로써 바울의 고난이 하나님의 뜻이었음을 보여 준다. 예루살렘 재판 중에 들렸던 주님의 음성이다. "그 날 밤에 주께서 바울 곁에 서서 이르시되 담대하라 네가 예루살렘에서 나의 일을 증언한 것 같이 로마에서도 증언하여야 하리라 하시니라"(행 23:11).

바울의 거침없이 담대하게

바울의 재판

바울, 체포되다

예루살렘에서 바울의 체포와 구금, 치열한 법정 싸움, 살해 음모와 피신, 연이은 재판의 연속, 결국 로마로 이송되는 과정은 한편의 드라마를 보는 듯한 느낌이 든다. 이것은 바울의 삶이 그만큼 드라마틱하기도 했거니와 무엇보다도 그 긴박감을 살려낸 누가의 솜씨가 결정적이었기 때문이다.

예루살렘에 도착한 바울은 야고보와 장로들을 만나러 간다. 예루살렘 교회의 지도권은 베드로와 사도들에게서 주의 형제 야고보와 장로들로 바뀌어 있었다. 바울의 선교 보고를 받은 후 예루살렘 교회 지도자들은 바울과 그 일행을 편히 맞을 수 없는 자신들의 형편을 이야기한다. 교회 안에 유대인들 중 믿는 자들이 수만 명에 이르는데 그들이 다 율법에 열심을 가진 자들이라고 한다. 그만큼 예루살렘 교회가 친율법적이었음을 알 수 있다. 그 반면에 바울에 대한 소문은 이들에게는 공분을 살 정도였다. 바울이 모세를 배반하고 할례를 금하며 유대 관습을 지키지 말라고 한다는 소문이었다. 바울은 갈라디아서에서 "무릇 율법 행위에 속한 자들은 저주 아래에 있나니"(갈 3:10), "형제들아 내가 지금까지 할례를 전한다면 어찌하여 지금까지 박해를 받으리요 … 너희를 어지럽게 하는 자들은 스스로 베어 버리기를 원하노라"(갈 5:11-12), "너희가 날과 달과 절기와 해를 삼가 지키니 내가 너희를 위하여 수고한 것이 헛될까 두려워하노라"(갈 4:10-11)고 말한 적이 있었다. 갈라디아서가 이들의 손에 들어갔던 것일까?

그래서 예루살렘 교회는 바울에게 타협책을 제시한다. 성도들 중에 서원한 사람이 넷이 있는데 이들이 서원 기간이 끝나 결례를 행할 때가 되었다. 서원 기간 중 깎지 않았던 머리카락을 자를 때 이와 관련된 비용을 대라는 것이었다. 그러면 바울이 유대 관습과 율법을 지키는 모습을 보고 오해를 풀 것이라는 계산이었다. 바울은 이 제안을 받아들인다. 그러나 결례 기간 일주일이 다 차가던 마지막 날에 소동이 벌어진다. 아시아, 아마 에베소에서 온 디아스포라 유대인들이 바울을 알아보고는 붙들었던 것이다. 그리고는 이방인 드로비모를 거룩한 성전 경내에 끌어들여 성전을 모독했다고 무리들을 충동질했다.

성전 경내에는 이방인이 더이상 접근할 수 없는 구역이 있었고, 이 구역을 넘어서면 죽임을 당해도 무방했다. 흥분한 유대인들은 바울을 붙잡아 성전 밖으로 끌고 나갔고 그를 마구 때렸다. 바울은 거의 죽을 뻔 했는데 성안이 소란스럽다는 보고를 받고 출동한 천부장과 그가 거느린 로마 군대에 의해서 간신히 구출되었다. 바울은 쇠사슬에 묶여 안토니아 요새에 있는 로마 병영으로 끌려갔을 것이다. 천부장은 소동을 일으킨 바울을 보며 이전에 소요를 일으켜 자객 사천 명을 이끌고 광야로 나갔던 애굽인이냐고 묻는다. 이 애굽인은 거짓 메시아로서 정치적 소란을 일으켰던 인물이었다. 사도행전에서는 이외에도 정치적 폭력 노선으로 나갔던 드다나 갈릴리 유다가 언급되기도 한다 (행 5:36-37). 누가는 이를 통해 기독교는 정치적 폭력 노선과 거리가 먼 집단임을 보여 준다.

바울의 재판

이곳까지 유대인들이 쫓아 왔는데 병영의 층계 위에서 바울은 히브리말로, 아마도 당시에는 아람 말로 무리를 향하여 예루살렘에서의 첫 번째 변론을 시작한다(행 22:1-21). 바울은 이외에도 예루살렘 공의회 앞에서(행 22:30-23:10), 벨릭스 총독 앞에서(행 24:1-23), 벨릭스와 그 아내 드루실라 앞에서(행 24:24-25), 베스도 총독 앞에서(행 25:6-12),

베스도와 아그립바 왕 앞에서(행 26:1-32) 등 총 여섯 번에 걸쳐서 자기를 변호하는 연설을 하게 된다. 지루하지만 중요한 재판이 시작된 것이다. 로마에 가면 로마의 법을 따르라는 속담이 생길 정도로 로마는 법을 중요하게 생각하는 사회였다. 누가는 거듭된 재판 과정을 통해 바울의 무죄함을 드러내고 있다.

로마 병영 층계에서 한 바울의 연설은 자신이 정통 유대인임을 강조하는 데 초점이 맞추어져 있다. 바울은 자신이 길리기아 다소에서 태어나서 예루살렘 성에서 자랐으며, 율법사 가말리엘 문하에서 배운 정통 유대인이며, 율법의 엄한 교훈을 받았고 하나님에 대하여 열심이 있던 자라고 밝힌다. 예수를 믿기 전에는 기독교를 박해하며 사람들을 결박하여 옥에 가두고 죽이기까지 했다고 한다. 대제사장의 공문을 받아서 다메섹에 있는 그리스도인들을 결박하여 예루살렘으로 끌고 오려고 가다가 하늘로부터 큰 빛을 보았는데 그 빛은 자기가 박해하던 나사렛 예수였다. 그 빛의 광채로 자기는 눈이 멀어 사람들의 손에 끌려서 다메섹으로 들어가는데 그곳에서 율법에 경건하고 유대인들에게 칭찬받는 아나니아라는 사람을 만나게 되었다. 그가 이르되 "우리 조상들의 하나님이 너를 택하여 너로 하여금 자기 뜻을 알게 하시며 그 의인을 보게 하시고 그 입에서 나오는 음성을 듣게 하셨다"(행 22:14)고 하며 예수의 증인이 될 것이라고 하였고, 자신은 그에게서 세례를 받았다. 예루살렘 성전에 와서도 기도하던 중에 신비경 중에 예수를 보게 되었는데 그가 예루살렘 사람들이 내 증거를 듣지 않을 것이며 자기를 멀리 이방인에게로 보낸다는 음성을 들었다고 연설한다.

바울은 자신이 충실한 유대인이요, 또 자기를 부른 예수도 우리 조상들이 믿었던 그 하나님임을 증거했지만 유대인들은 옷을 벗어 던지고 먼지를 하늘에 날리며 바울의 신성모독적인 언사에 분노하였다. 소란이 더 극심해지자 천부장은 바울을 영내로 끌어들이고 가죽 줄로 묶고 채찍질로 심문하려 하였다. 이 순간 바울은 자신이 로마 시민임을 밝힌다. 로마 시민은 죄를 정하기도 전에 때리거나 심문을 할 수 없다.

로마의 포르치아(Porcia) 법은 로마 시민을 매질하거나 고문하는 것을 법으로 금지하고 있으며, 율리아(Julia) 법은 황제에게 청원 중인 로마 시민을 고문하거나 때리거나 정죄하여 옥에 가두거나 죽게 하면 그 당사자는 유죄 판결을 받게 되어 있었다. 바울의 로마 시민권은 이 2년 동안 바울의 목숨을 보존하게 했고 바울을 로마로 인도하는 결정적인 무기가 되었다. 천부장은 바울이 로마 시민권을 가진 사람임을 알고는 그를 함부로 결박한 것에 대해 두려워했다고 누가는 전한다.

바울에 대한 공식 재판은 그 다음날 이루어졌다. 바울 문제로 인하여 제사장들과 유력인사들이 모인 산헤드린 공의회가 열렸다. 그러나 이 재판은 정식 심리도 하기 전에 두 개의 사건으로 종결되고 만다.

하나는 바울과 대제사장 아나니아 사이의 다툼이다. 바울이 자신은 모든 일에 양심을 따라 하나님을 섬겼다고 하자 대제사장이 바울의 입을 치라고 한다. 아마 바울의 말이 거슬렸거나 자기 허락도 없이 발언한 것이 기분 나빴을 것이다. 바울은 이에 기죽지 않고 더 당당하게 하나님께서 너를 칠 것이라고 하며 율법에 어긋난 재판 진행을 비판한다. 곁에 선 사람이 그가 대제사장이라고 알려주자 바울은 알지 못해서 그랬다고 사과하며 네 백성의 관리를 비방하지 말라는 출애굽기 22장 28절의 말씀을 인용한다. 바울은 당당함을 보이면서도 자신이 율법을 잘 알고 율법에 매우 충실한 인물임을 드러낸다.

이어서 바울은 구성원들이 바리새파와 사두개파로 이루어진 것을 알고 자신은 정통 바리새인이요 죽은 자의 소망, 곧 부활을 증거했다는 이유로 재판을 받고 있다고 발언한다. 그러자 바리새파와 사두개파 간에 다툼이 일어난다. 사두개파는 모세 오경만 믿었고 부활이나 천사들에 대해서 믿지 않았다. 반면에 바리새파는 예언서의 말씀이나 전통들도 믿으면서 부활, 천사, 영들에 관한 교리를 믿었기 때문이다. 바리새파는 오히려 바울을 두둔하며 잘못이 없다고 하였다. 이를 통해 처음 기독교가 전파될 때는 바리새파의 한 분파처럼 여겨졌음을 알 수 있다. 바리새파는 메시아의 존재를 믿었지만 그 메시아가 예수라는 사실을 인정하지 않았던 것이 달랐을 뿐이었다.

큰 분쟁이 생기자 천부장은 바울이 다칠까봐 염려되어 급히 영내로 이송한다. 자신들의 뜻대로 되지 않자 분노한 유대인 과격파들 사십여 명이 바울을 죽이기 전에는 먹지도 마시지도 않겠다며 테러 동맹을 결성한다. 이 소식이 바울의 조카를 통해 천부장에게 전달되고 천부장은 급히 바울을 가이사랴로 이송하기로 결정한다. 그런데 바울을 보호하는 부대의 규모가 엄청났다. 보병 200명, 기병 70명, 창병 200명으로 로마 수비대의 근 절반이 동원되었다. 이들은 밤중에 예루살렘에서 62킬로미터 떨어진 안디바드리까지 바울을 호송하고 보병은 돌아갔고, 다음날 기병이 39킬로미터 떨어진 가이사랴로 이송한다. 위기 때마다 로마군은 바울의 보호자 역할을 톡톡히 한다. 처음 성전에서 죽을 뻔 했던 바울을 구했던 것도 로마군이었고, 산헤드린 공의회 재판에서 구했던 것도 로마군이었다. 나중에 로마 항해 중에 바울을 죽이려던 음모를 제지했던 것도 로마군의 백부장 율리오였다.

천부장 루시아는 가이사랴에 있는 벨릭스 총독에게 바울을 보내며 편지 한 통을 써 보냈다. 그동안 바울을 심리한 결과를 정리한 최종 보고서였다. 이 보고서는 매우 중요한데 공식 재판 판결문과 같은 효력을 가지고 있기 때문이다. "글라우디오 루시아는 총독 벨릭스 각하께 문안하나이다 이 사람이 유대인들에게 잡혀 죽게 된 것을 내가 로마 사람인 줄 들어 알고 군대를 거느리고 가서 구원하여다가 유대인들이 무슨 일로 그를 고발하는지 알고자 하여 그들의 공회로 데리고 내려갔더니 고발하는 것이 그들의 율법 문제에 관한 것뿐이요 한 가지도 죽이거나 결박할 사유가 없음을 발견하였나이다"(행 23:26-30).

　누가는 바울의 사례를 통해서 기독교는 무죄하며 소란이 있는 이유는 유대교와 율법에 대한 해석의 차이가 있을 뿐임을 밝히고 있다. 로마의 퀸투스 베라니우스(Quintus Veranius) 법령에서 공문서 위조는 사형판결까지 내릴 수 있는 중죄였다는 점에 비추어본다면 루시아의 편지가 가지고 있는 무게를 짐작할 수 있다.

로마 총독들과 왕 앞에서

바울이 가이사랴에 도착한 지 닷새 후에 벨릭스 총독 주재 하에 재판이 열렸다. 바울이 받은 재판 중에서 가장 형식을 갖춘 정식 재판이었다. 유대인 측을 대표하는 변호사 더둘로가 유창한 고발의 변론을 한다. 고발 내용은, 바울은 나사렛 이단의 우두머리로 천하에 흩어져 사는 유대인들을 소란케 한 자요, 예루살렘에서는 성전을 모욕한 자라는 것이다. 이에 대해서 바울 사도 또한 유창한 변론을 한다. 퀸틸리안(Quintilian)은 그의 《웅변 교수론 *Institutio Oratoria*》에서 법정 연설을 서론(exordium), 사실의 진술(narratio), 증명(probatio), 논박(refutatio), 결론(peroratio) 다섯 개의 부분으로 나누었는데 바울의 변론(행 24:10-21)을 이 틀에 맞추어 분석하면 다음과 같다.

　'서론'의 목적은 청중들이 경청할 수 있도록 준비시키는 것이다.

"당신이 여러 해 전부터 이 민족의 재판장 된 것을 내가 알고 내 사건에 대하여 기꺼이 변명하나이다"(10). 바울은 환심의 말(captatio benevolentiae)을 사용하여 벨릭스 총독을 높인다. 그 환심의 내용은 유대교와 관련된 것에 능통하다는 것이고 이는 '부활' 과 관련된 문제를 다루기에 벨릭스 총독이 적합하다는 신뢰의 표현이다. '사실의 진술' 은 재판관이 판단할 수 있도록 법정에서 논쟁 중에 있는 사건의 본질을 정리하는 것이다. "당신이 아실 수 있는 바와 같이 내가 예루살렘에 예배하러 올라간 지 열이틀밖에 안 되었고"(11), 바울은 예루살렘 방문 목적이 예배였음을 밝힌다. '증명' 은 자신의 주장을 논리적으로 제시하는 것이다. "그들은 내가 성전에서 누구와 변론하는 것이나 회당 또는 시중에서 무리를 소동하게 하는 것을 보지 못하였으니 이제 나를 고발하는 모든 일에 대하여 그들이 능히 당신 앞에 내세울 것이 없나이다"(12-13). 바울은 더둘로의 고소처럼 무리를 소동케 한 일이 없음을 밝힌다. 그 이유로 바울은 누구와 변론하지도 않았고, 또 예루살렘에 온 지 12일밖에 안 되었으며, 반대로 저들은 송사의 증거를 제출하지 못했다고 증명한다. '논박' 은 상대편의 주장을 반박하는 것이다. "그러나 이것을 당신께 고백하리이다 나는 그들이 이단이라 하는 도를 따라 조상의 하나님을 섬기고 율법과 선지자들의 글에 기록된 것을 다 믿으며 그들의 기다리는 바 하나님께 향한 소망을 나도 가졌으니 곧 의인과 악인의 부활이 있으리라 함이니이다 이것으로 말미암아 나도 하나님과 사람에 대하여 항상 양심에 거리낌이 없기를 힘쓰나이다 여러 해 만에 내가 내 민족을 구제할 것과 제물을 가지고 와서"(14-18).

바울은 '나사렛 이단의 괴수' 라는 것을 일단 인정하지만, 실질적으로는 저희와 같이 율법에 충실하며 부활에 대한 소망을 가지고 있으며 이에 힘쓴다는 점에서 오히려 고소한 유대인들과 차이가 없음을 보여 준다. 또 성전 모독 부분에 대해서도 논박한다. 그는 거리낌이 없는 양심을 가진 깨끗한 사람이고, 예루살렘에 온 목적도 구제를 위한 칭찬받을 만한 것이고, 성전에서 결례를 행할 때 아무런 모임이나 소동이 없었던 점에 근거할 때 성전 모독은 없었다고 논박한다.

'결론' 은 변론의 최종 주장이다. "그들이 만일 나를 반대할 사건이 있으면 마땅히 당신 앞에 와서 고발하였을 것이요 그렇지 않으면 이 사람들이 내가 공회 앞에 섰을 때에 무슨 옳지 않은 것을 보았는가 말하라 하소서 오직 내가 그들 가운데 서서 외치기를 내가 죽은 자의 부활에 대하여 오늘 너희 앞에 심문을 받는다고 한 이 한 소리만 있을 따름이니이다"(19-21).

결정적인 것은 처음 문제를 제기했던 아시아로부터 온 유대인이 이 재판 자리에 없다는 사실이다. 오히려 바울은 소송 당사자들에게 예루살렘 공회 재판 결과 무슨 잘못된 점이 있었는지 제시해 보라고 역공을 취한다. 바울은 모든 고소가 잘못되었으며, 심문받아야 할 것이 있다면 그것은 오직 부활에 관한 문제뿐임을 결론으로 내린다. 이는 앞에서 천부장 루시아의 편지에서 내린 결론과도 같다. 바울은 아주 능숙한 변론으로 직업 변호사 더둘로에 맞서서 승리한다.

이 재판에서 바울이 승리했다는 것은 이후 벨릭스의 태도에서 볼 수 있다. 바울을 구류 상태에 두지만 자유를 주고 친구들이 그를 돌보아주는 것을 허락한다. 그러나 벨릭스는 바울을 무죄 석방하지 않고 2년 동안 구금한다. 누가는 그 이유로 벨릭스의 부패함(행 24:26)과 유대인의 환심을 사기 위한 목적(행 24:27)이 있었음을 밝히고 있다. 실제 벨릭스는 로마 역사에서 인정받지 못한 인물로 기록되고 있다. 유대 역사가 요세푸스는 드루실라를 아내로 삼은 벨릭스의 불법적인 결혼과, 총독 재임 기간 중에 일어났던 유대의 혼란스런 상황과, 그가 대제사장 요나단을 죽이도록 사주한 일과, 유대인들에 의해서 고발을 당한 일에 대해서 자세히 기록하고 있다. 로마 역사가 타키투스 (Tacitus)는 벨릭스에 대하여 "모든 종류의 잔인함과 욕정을 자행하고, 모든 노예적 본능으로 왕의 권력을 휘둘렀다"며 극히 부정적으로 서술하고 있다. 누가는 바울에게 호의를 베풀었던 로마 관리들에 대해서 많이 언급했지만 불의한 평가를 받고 있던 벨릭스 총독에 대해서만은 부정적으로 묘사함으로써 바울의 정의감을 높이고 또 바울이 2년 동안 구금된 이유가 타당하지 않았음을 드러낸다.

벨릭스를 이어서 베스도 총독이 부임한다(행 25:1). 베스도는 부임하자 예루살렘을 먼저 방문한다. 여전히 유대인들은 바울에 대해서 좋지 않은 감정을 가지고 있었다. 그들은 바울에 대한 재판이 예루살렘에서 열리기를 소원했다. 길에 매복했다가 바울을 죽이려는 음모였다. 베스도는 비교적 공정한 총독이었다. 그가 가이사랴에서 재판을 열고 심리를 진행했지만 유대인들은 고발에 타당한 증거를 제시하지 못한다. 바울은 자신의 무죄를 주장한다. 베스도가 유대인의 마음을 얻기 위해 예루살렘에서 재판받을 의향이 없는지 묻자 바울 사도는 다시 한 번 강경하게 자신의 무죄를 주장한다. 바울은 더이상 이곳에서 재판을 받는 것이 무의미하다고 보며 이제는 가이사에게 직접 상소하는 길을 택한다(행 25:11). 로마 시민은 중죄를 저질렀거나 부당하다고 생각되면 가이사에게 상소할 수 있는 권리가 있었다. 율리아(Julia) 법은 로마 시민이 상소했는데도 불구하고 형을 선고하거나, 상소를 위해 로마로 가는 것을 부당하게 막아서는 안 된다고 규정하고 있다. 베스도는 배석자들과 협의한 후 바울의 상소를 받아들인다.

베스도는 수일 후 방문한 헤롯 대왕의 증손자인 헤롯 아그립바 왕과 바울의 일에 대해서 다시 논의한다. 베스도는 그간의 사정을 아그립바 왕에게 설명하는데 '고소', '피고', '원고', '로마의 법(관습)', '재판 자리', '논쟁점', '심문', '황제의 판결' 등 재판 용어들이 쏟아진다. 이는 사도행전을 기록한 누가의 관심이나 바울의 실제 처지가 재판의 상황에 놓여 있음을 명백히 알게 한다. 베스도 설명의 핵심은

바울의 거침없이 담대하게

로마 바울 대성당에 있는 바울이 묶였던 쇠사슬

두 가지에 모아진다. 하나는 바울이 죄가 없다는 것이다. "원고들이 서서 나의 짐작하던 것 같은 악행의 혐의는 하나도 제시하지 아니하고 오직 자기들의 종교와 또는 예수라 하는 이가 죽은 것을 살아 있다고 바울이 주장하는 그 일에 관한 문제로 고발하는 것 뿐이라"(행 25:18-19). 베스도는 마지막 재판을 주재하면서도 "내가 살피건대 죽일 죄를 범한 일이 없더이다"(행 25:25) 하고 무죄를 확신한다. 천부장 루시아에 이어 베스도도 바울의 무죄함을 인정한 것이다. 누가는 자신의 복음서에서 예수가 십자가에 달리기 전 이루어진 재판에서 총독 빌라도로부터 세 번에 걸쳐 죄가 없다는 선언을 받았다(눅 23:4, 14-15, 22)고 보도하고 있는데, 바울의 경우도 마찬가지였다. 바울의 사건을 다루고 있는 로마의 유력한 관리들이 그의 무죄함을 인정한다. 그렇지만 바울이 가이사에게 항소했기 때문에 여기서 재판을 끝낼 수 없다는 것이 최종 결정이었다.

가이사랴에서 마지막으로 바울의 재판이 열렸다(행 25:23~26:32). 이 재판의 참석자는 총독 베스도, 아그립바 왕, 그의 누이 버니게, 천부장들과 시중의 높은 사람들이다. 그동안 바울이 받았던 재판 중 가장 화려한 규모의 재판이었다. 베스도는 이 재판이 상소에 필요한 죄목을 확정하고 보고서를 작성하기 위한 재판임을 밝힌다. 바울은 자신이 유대교에서 가장 엄한 바리새파 출신임을 밝히면서 유대인들이 간절히 바라던 부활의 소망 때문에 고소를 당했다며 사건의 핵심을 정리한다. 이어서 세번째로 다메섹 체험을 간증한다. 자신도 믿지 못해서 나사렛 예수를 믿는 자들을 박해했지만 다메섹으로 가는 길에서 예수를 만나게 되었다. 다른 두 번의 간증에서와 달리 여기서는 중개자 아나니아가 등장하지 않고 예수가 직접 바울에게 말을 건다. 예수는 바울에게 "가시채를 뒷발질하기가 네게 고생이다"(행 26:14)는 말을 한다. 이는 하늘의 뜻을 거스를 수 없다는 의미다. 바울은 전도의 차원에서 예수의 말 중 눈을 뜨게 한다, 어둠에서 빛으로 사탄의 권세에서 하나님께로 돌아오게 한다는 말을 첨가한다. 이것은 바울의 선포의 주된 내용이었고, 재판 과정이지만 이를 통해서 믿지 않는 자들이 많은 고위층에게 복음을 전한 것이다. "내가 오늘까지 서서 높고 낮은 사람 앞에서 증언하는 것은 선지자들과 모세가 반드시 되리라고 말한 것밖에 없다"(행 26:22)며 바울은 부활의 예수를 증거하는 것으

바울의 거침없이 담대하게

로 변론을 마친다.

　바울의 열정적인 모습을 본 총독 베스도는 "바울아 네가 미쳤도다 네 많은 학문이 너를 미치게 한다"(행 26:24)고 크게 소리 지른다. 아그립바 왕은 "네가 적은 말로 나를 권하여 그리스도인이 되게 하려 하는도다"(행 26:28) 하며 고개를 젓는다. 바울은 더 열정적으로 소리친다. "말이 적으나 많으나 당신뿐만 아니라 오늘 내 말을 듣는 모든 사람도 다 이렇게 결박된 것 외에는 나와 같이 되기를 하나님께 원하나이다"(행 26:29). 이 순간만은 죄수와 재판관의 위치가 뒤바뀐 듯하다. 바울은 사슬에 묶인 죄수의 몸이지만 당당하며 자유롭다.

　사도행전에서는 이 재판을 끝으로 모든 재판이 종결된다. 그 결론은 "이 사람은 사형이나 결박을 당할 만한 행위가 없다"(행 26:31), "이 사람이 만일 가이사에게 상소하지 아니하였더라면 석방될 수 있을 뻔하였다"(행 26:32)이다. 사도행전만 읽는 독자들은 바울이 무죄임을 추호도 의심하지 않을 것이다. 그러나 당시 로마 당국은 어떠했을까? 나중에 다시 언급하겠지만 바울은 마지막 가이사 앞의 재판에서 유죄로 확정되고 이 일로 인해 사형에 처해졌을 가능성이 높다. 바울의 무죄를 부각시키고 있는 누가의 노력은 이미 죽은 자를 위한 신원(伸冤)이라 할 수 있다. 억울하게 죽임당한 사형수의 누명을 벗겨주고 바울의 선교로 태동한 이방 기독교를 변호하려는 시도라 할 것이다.

11
로마로 가는 길

바다 항해의 문학성

바울은 고린도후서에서 자신이 당했던 역경들을 한꺼번에 언급한다.
그중 "세 번 파선하고 일주야를 깊은 바다에서 지냈으며"(고후 11:25)
라고 말했는데 고린도후서를 쓴 시점은 3차 선교가 마무리되는 마게
도냐에서였다. 이때까지 바울은 바다 항해 중 최소한 세 번의 파선을
경험했지만 누가는 이에 대해서 전혀 언급하지 않는다. 아마도 누가
는 로마로 가는 항해에서 그 난파라는 고난을 집중적으로 부각시키기
위해서 참았던 것 같다. 바울의 항해와 난파, 로마에 이르는 과정은
27장 1절에서 28장 16절까지 총 60절로 매우 분량이 많다. 파선하는
과정에 대한 묘사가 상세하고 드라마틱하다. 그동안 선교와 관련된

바울의 거침없이 담대하게

것에 집중했던 누가의 서술 방식과는 매우 다르다.

배가 난파하는 장면을 자세히 기술하는 것이 선교에 무슨 도움이 되겠는가. 단순히 이를 바울의 실제 난파를 묘사하려고 했다 생각하면 누가의 의도를 놓치고 만다. 바울의 일생 중 드라마틱하지 않은 것이 어디 있겠는가. 그러나 그것을 글로 상세히 그리고 긴장감 있게 기록한다는 것은 단지 사실 나열에만 목적이 있었던 것이 아님을 알 수 있다. 누가는 여기서 문학적 기법을 이용하여 독자의 흥미를 고취시킴으로써 사도행전을 재미있고 유익한 문학으로 만들려 하고 있다. 그래서 이 로마 항해 부분만은 진보적인 디벨리우스에서부터 보수적인 브루스에 이르기까지 모두가 일치하여 누가의 문학적 흔적을 지적한 바 있다.

항해와 난파라는 주제는 고대 문학가들에게는 상상의 원동력이었다. 바다는 그만큼 위험했고, 항상 죽음의 위기가 도사리고 있는 곳이었다. 우리 인생이라는 것도 이런 위험한 항해에 비유할 수 있기에 바다에서 만나는 역경은 종종 영웅들이 자신의 영웅성을 드러내거나 성장 과정을 보여 주는 필수적인 통과의례처럼 간주되었다. 그래서 전형적인 바다 항해 문학유형이라는 것이 나왔고 대중은 그런 주제를 사랑했다. 그리스도교에서는 바다에서 만나는 풍랑과 난파가 이 세상을 살아가는 신앙인들이 겪는 고난으로, 교회는 구원 방주로, 그리스도는 배의 항해사로 자주 상징되었다. 베르길리우스의 《아이네이스

Aeneid》에서 주인공 아이네아스가 로마를 향한 항해 중 바다에서 풍
랑을 만나는 장면에 대한 다음과 같은 생생한 묘사를 보라.

동풍과 남풍과 수많은 돌풍을 동반한 아프리카 바람이
한꺼번에 바다를 덮쳐 가장 깊은 심연에서부터 온 바다를
뒤집으며 해안들로 긴 파도를 굴린다. 남자들의 비명과
밧줄들이 삐걱거리는 소리가 인다. 별안간 구름들이
테우케르 백성들의 눈에서 하늘과 낮을 앗아가고
칠흑 같은 밤이 바다 위를 들어찬다.
… 세찬 북풍이 윙윙대며
정면에서 돛을 덮치고 하늘 높이 물결을 쳐올린다. 노들이 부러진다.
그러자 배가 이물을 돌리며 파도에 옆구리를 맡기니
거기에 우뚝 솟은 물의 절벽이 이어진다.
… 세 번이나 동풍이 배들을
바다에서 얕은 여울들과 쉬르티스 들로 몰고 가
얕은 곳에다 내동댕이치고 그 주위에 모래 둑을 쌓는다.
… 몇 사람만이 광대한 심연 위에서 남자들의 무구들과 널빤지들과
트로이야의 보물들과 함께 파도 사이로 헤엄치는 것이 보일 뿐이다.

(베르길리우스, 천병희 역, 《아이네이스》 1. 84-119)

바울의 거침없이 담대하게

바울이 로마에까지 이르는 과정을 단순히 사실만 나열해서는 중요한 것을 놓치고 만다. 사건을 서술하는 누가의 기교와 사건과 사건들 사이의 팽배한 긴장감을 느껴야 한다. 이를 통해 누가는 사도행전의 독자들을 더이상 방관자로 머물게 하지 않고 바울의 생생한 고난의 현장에 함께 참여하게 만드는 효과를 거두고 있다.

가이사랴에서 크레타까지

2년 동안의 지루한 법정 공방과 구금을 끝내고 바울은 드디어 로마를 향해 떠나게 되었다. 선교사의 자격으로 당당히 로마에 입성하고 싶었으나 부득이 하게 죄수의 몸으로 로마에 들어가게 된 것이다. 여기서 다시 '우리' 구절이 등장한다. 로마 항해는 바울 혼자만의 여행이 아니라 그와 함께하는 동료들이 있었고, 누가는 독자들마저 이 '우리' 무리에 참여하기를 원하고 있다. 바울을 로마로 호송할 책임을 맡은 자는 로마 황제 친위대 소속의 백부장 율리오였다. 바울이 탔던 배의 이름은 아드라뭇데노이었는데, 이 배는 드로아 인근에 있는 항구 도시 아드라뭇데노를 향하여 가던 배로, 가는 도중에 아시아의 여러 항구들을 들렀던 것 같다. 가이사랴에서 출발한 배는 다음날 시돈에 닿았고 백부장 율리오는 바울이 하선하여 친구들에게 가서 대접받을 수 있도록 배려한다. 이는 사도행전에 자주 등장하는 모습으로 로마 관리들이 바울에게 호의를 베풀었음을 보여 주면서 먼 항해를 출발하는 바울을 환송하는 모습이다.

이어서 가이사랴 → 시돈 → 키프로스 해안 → 길리기아와 밤빌리아 바다 → 무라 → 니도 맞은편 → 살모네 앞 → 크레타 해안 → 미항에 이르는 여행일지(itinerary) 양식이 등장하여 바다 항해 경로를 상세히 그려주고 있다. 도중에 바울 일행은 무라에서 배를 알렉산드리아 호로 갈아탔다(행 27:6). 아마 이 배는 이집트의 알렉산드리아에서 로마로 곡물을 운송하는 선박이었을 것이다. 로마의 부족한 식량 사정 때문에 위험한 시기에도 로마 당국은 이집트의 곡창지대에서 배를 운행하도록 했는데 바울 일행이 풍랑을 맞아 파선에 이른 배가 바로 이 알렉산드리아 호였다.

지중해를 본격적으로 횡단해야 하는 장면에서 어려운 항해를 예고하는 조짐들이 보이기 시작한다. 키프로스 섬 근처를 지날 때 맞바람(행 27:4) 때문에 섬을 바람막이 삼아 운항한다. 무라에서 니도를 거쳐 크레타에 이르는 과정에서는 "배가 더디 가 여러 날 만에 간신히 니도 맞은편에 이르러"(행 27:7a), "맞바람 때문에 더이상 나갈 수 없어 크레타 섬을 바람막이 삼아"(행 27:7b), "간신히 그 연안을 지나"(행 27:8) 등의 표현을 사용함으로써 로마로 가는 항해가 쉽지 않을 것을 예상하게 하며 다가올 위험을 미리 예고하고 있다. 결국 9절에서 누가는 "항해하기가 위태로웠다"는 최종 평가를 내린다.

배가 난파되다

지중해 항해는 연중 가능한 것이 아니었다. 기후와 풍랑의 변화가 많아 지중해 항해가 매우 위험한 시기가 있는데, 11월 11일부터 3월 10일까지이다. 비교적 위험한 시기는 3월 10일에서 5월 26일 사이와 9월 14일부터 11월 11일까지이며, 안전한 항해 시기는 5월 27일부터 9월 14일까지였다. 유대의 금식 절기가 끝난 이때(행 27:9)는 10월 5일경 정도로 추정된다. 항해하기에 비교적 위험한 시기로 접어들었던 이때에 바울은 예언의 형태로 항해의 위험성을 경고한다. "여러분이여 내가 보니 이번 항해가 하물과 배만 아니라 우리 생명에도 타격과 많은 손해를 끼치리라"(행 27:10). 바울은 단순히 위험하다는 경고만이 아니라 재난이 닥쳐 하물과 배의 손실이 있고, 생명의 위험까지 있을 것임을 구체적으로 예고한다.

바울의 이런 경고에도 불구하고 백부장은 선장과 선주의 말을 더 신뢰했고(행 27:11), '대다수의 사람들'은 이에 동조하여 미항을 떠나서 크레타의 항구 중 하나인 뵈닉스로 가서 겨울을 나기로 결정하였다. 긴장감은 여기서부터 시작된다. 바울을 신뢰하지 않는 배에 탄 일행들과 배의 운명은 어떻게 될 것인가? 바울의 예언은 어떤 식으로 실현이 될 것인가? 처음에는 남풍이 '순하게 불자' 그들은 자신들의 '의도가 적중한 줄'로 생각했다(행 27:13). 그러나 그런 기대는 '얼마

가지 못했다.' 폭풍이 몰아치기 시작했는데 이 폭풍의 이름은 '유라굴로'였다. 유라굴로는 동남동을 의미하는 그리스어 '유로스'와 북쪽을 의미하는 라틴어 '아퀼라'의 합성어로 일반적으로 섬 쪽에서 부는 북동풍의 거센 바람이었다. 그들이 의도했던 뵈닉스 항구 방향이 아니라 지중해 한가운데로 몰아갔던 것이다.

바울의 예언대로 재난에 빠져가는 모습은 날짜에 따라 표현되었다. 폭풍이 불던 당일에는 바람이 강해 끌려가다시피 표류했다. 가우다란 섬을 지날 무렵 겨우 그들은 거룻배를 잡아맬 수 있었다. 지중해

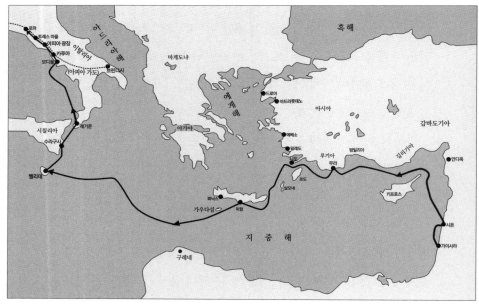

바울의 로마 항해

바울의 거침없이 담대하게

남쪽의 북아프리카 해안에 있는 모래톱인 스르디스(Syrtis)에 걸릴까 두려워하여 선원들은 닻을 내린 채 표류하였다. 폭풍에 시달렸던 그들은 다음날 바다에 짐을 버리기 시작했고, 사흘째 되는 날에는 배의 기구들을 버리기 시작했다. 바울의 예언대로였다. 여러 날 동안 해와 별이 보이지 않을 정도로 어두웠고 바람은 좀처럼 잦아들지 않았다. 배에 탄 일행들은 살 수 있다는 소망마저 잃어버렸다.

지중해 한가운데서

배에 탄 사람들은 뱃멀미로 인한 고생과 절망감으로 오랫동안 먹지 못했다. 바울은 그들 가운데 서서 먼저 자기의 말을 듣지 않았던 그들의 잘못을 책망한다. 이렇게 책망하는 이유는 바울이 경고한 그대로 되었다는 사실을 밝히면서 앞으로는 자신의 말을 잘 들을 것에 대한 요구가 담겨 있다. 이어서 바울은 배만 잃어버릴 뿐이지 그들의 생명은 잃지 않을 것이라는 위로의 말을 준다(행 27:22). 그 근거는 바울의 주인 되고 바울이 섬기는 하나님의 천사가 지난밤에 나타나서 "너는 반드시 황제 앞에 서야 한다. 보아라, 하나님께서는 너와 함께 타고 가는 모든 사람의 안전을 너에게 맡겨 주셨다"(행 27:24)고 말씀하셨기 때문이다. 바울은 이를 통해 자신의 목적이 로마의 황제 앞에 서는 것이고 이와 함께 배에 탄 모든 사람의 안전도 보장해 주셨음을 확신시켜 준다. 한글 성경에는 잘 나타나지 않지만 헬라어 원어 성경에서는 바울은 여기서 '반드시'라는 단어를 사용하여 위의 두 예언이 그대로 실현되어야 할 하나님의 뜻임을 보여 준다. 이는 헬라 사회에서 이미 익숙한 신의 신탁(oracle)과 유사하다. 바다 항해 과정에서 신의 신탁은 매우 중요하다. 신탁은 위험과 안전한 항해, 또는 그들이 향하는 목적지를 결정하는 가장 강력한 확증이다. 바울은 다시 한 번 배에 탄 일행들에게 안심하라고 격려한 후 "나는 하나님께서 나에게 말씀하신 그대로 되리라고 믿는다"(행 27:25)고 고백한다. 이 고백은 배에 탄 모든 사람들에게 자신과 같은 동일한 믿음을 가질 것에 대한 촉구이다. 마지막으로 바울은 한 섬에 상륙하게 될 것을 예고한다(행 27:26).

배에 탄 일행들은 바울의 예언과 격려에 부응하는 믿음의 모습을 보일 것인가? 그러나 27절 이하의 사건은 그들이 이 믿음에서 실패하고 있음을 보여 준다. 열 나흘째 밤이 되었을 때 배는 아드리아 바다에서 표류하고 있었다. 선원들은 육지에 다가가고 있다고 짐작하여 물 깊이를 재어 본 결과 점점 더 낮아짐을 확인하였다. 선원들은 암초에 걸릴까봐 닻 네 개를 동시에 내려 배를 고정시키고 날이 새기를 기다렸다. 그런데 사건은 그 밤중에 발생했다. 선원들이 배를 버리고 달아나려고 이물에서 닻을 내리는 척하면서 바다에 거룻배를 풀어 내렸던 것이다(행 27:30). 이를 초인적인 능력으로 간파한 바울이 백부장과 병사들을 향하여 "만일 이 사람들이 배에 그대로 남아 있지 않으

　　　　　　　　　　　　바울의 거침없이 담대하게

면 당신들은 무사할 수 없다"(행 27:31)고 경고한다. 병사들은 바울의 경고를 듣고 거룻배의 밧줄을 끊어 버려 선원들이 달아나지 못하도록 만들었다. 배를 버리고 달아나려는 선원들의 모습은 믿음의 실패를 보여 준다. 배에 탄 모든 사람을 구원해 주시겠다는 하나님의 약속을 신뢰하지 못한 것이다.

한 섬에 상륙하다

날이 밝자 바울은 배에 탄 일행들에게 음식 먹을 것을 권한다. 그들은 14일 동안이나 마음을 졸이며 아무것도 먹지 못했다. 이런 상황은 그들이 바울의 말을 믿음으로 받아들이지 않았다는 것을 간접적으로 증명한다. 바울은 그들에게 음식 먹는 것이 그들의 구원과 관련되어 있다고 말한다. 누가는 구원이라는 단어를 난파 과정에서 매우 자주 사용하고 있다(행 27:20, 31, 34, 43, 44, 28:1, 4). '구원하다'는 위험이나 재난에서 벗어나는 것을 의미하지만, 사도행전에서는 예수를 믿음으로 종말의 심판에서 벗어나는 것을 의미한다. 누가는 난파 기사에서 바다의 위험에서 벗어나는 것과 신앙적인 의미의 구원을 중첩하여 사용하고 있다. 바울의 말을 듣는 것이 그들의 육적인 구원과 영적인 구원에 직결되어 있다. 바울은 그들을 안심시키기 위해 "너희의 머리카락 하나도 잃지 않을 것"(행 27:34)이라며 과장법적인 언어를 사용한다.

바울은 이어서 마치 예수의 성만찬을 연상시키는 식사 의식을 거행한다. "빵을 들어서 하나님께 감사를 드리고 떼어서 먹기 시작하였다"(행 27:35). 여기에 표현된 동사들은 성만찬 의식에서 사용되는 주요한 동작들이다(눅 22:19, 24:30). 또한 이는 예수가 오천 명을 먹이는 기적을 행하면서 취했던 동작들이기도 하다(눅 9:16). 누가는 바울이 배에 탄 일행들과 함께 나누는 아침의 만찬을 성만찬의 분위기가 나도록 묘사하고 있음에 틀림없다. 사람들은 바울의 권유에 음식을 배부르게 먹었다고 만족감을 표시한다(행 27:38). 아침 식사가 끝난 후 누가는 "배에 탄 우리의 수는 모두 이백일흔여섯 명이었다"(행 27:37)고 밝힌다. 이 숫자는 항해 과정에서 구원받은 사람들의 수이면서, 1인칭 복수 '우리' 에 함께 포함시킴으로써 마치 배에 탄 일행이 모두 제자 공동체의 일원이 된 것처럼 서술하고 있다.

그렇다면 이제는 안전한 상륙만이 남았는가? 위기는 아직 끝나지 않았다. 음식을 먹은 뒤 그들은 남은 식량을 버려 배를 가볍게 했다. 날이 새자 그들은 어느 땅인지는 모르지만 모래밭이 있는 항만을 보았다. 그 해변에 대기 위하여 닻을 끊고 키의 줄을 늦추고 돛을 달고 바람에 맞추어 해안으로 접근해 갔다. 그런데 두 물살이 갈라지는 곳에 있는 모래톱에 걸려 배의 이물은 박혔고 고물은 깨어지기 시작했다(행 27:41). 바울이 예언했던 대로 배가 완전히 손실되기 시작한 것이다. 배에 탄 사람들은 어떻게 될 것인가? 병사들은 죄수들이 도망

갈까봐 바울을 비롯한 모든 죄수를 죽이려고 계획하였다. 병사들의 이런 시도는 빌립보 감옥의 간수가 죄수들이 도망간 줄 알고 자결하려 했던 모습을(행 16:27) 연상하면 가능한 행동이다. 바울에게 위기가 닥쳤다. 그러나 이번에는 백부장이 바울을 구했다(행 27:43). 병사들의 계획을 막고 헤엄칠 수 있는 사람들은 뛰어내려 헤엄쳐 뭍으로 가도록 했고, 그렇지 않은 사람들은 널빤지나 부서진 배의 조각을 잡고 뭍으로 나갈 것을 명령하였다. 이렇게 해서 모두가 무사히 뭍으로 나올 수 있었다(행 27:44). 바울의 예언대로 배와 짐은 손실되었지만 배에 탄 모든 일행은 풍랑에서 구원을 받았다.

멜리데 섬에서

위기는 멜리데 섬에서도 계속된다. 섬 원주민들은 바울 일행에게 '특별한 친절'을 베풀어 주었다. 비가 와서 추웠기 때문에 원주민들은 일행들에게 불을 피워주었다. 바울이 나뭇가지를 모아 불에 놓는 순간 그 속에 숨어 있던 독사가 튀어나와 바울의 손을 물고 늘어졌다. 이 모습을 본 원주민들은 바울이 곧 죽을 것이라고 예상한다. 그리고는 바울에 대해서 이 사람은 살인자다, 바다에서는 살아났지만 결국 정의의 여신이 살도록 허락하지 않았다는 판단을 내린다.
 이 장면에서 서스펜스는 바울이 죽음을 맞을 것인가, 또 한 번 기적을 보여 줄 것인가 하는 궁금증에서 생기는 것이 아니다. 사도행전을 읽는 독자는 이미 바울의 신적인 능력에 대해서 잘 알고 있다. 그는 지금까지 여러 번 위기를 이겨냈다. 서스펜스는 오히려 원주민들의 태도에 모아진다. 그들은 바울이 하나님이 보낸 위대한 증인인 것을 모른다. 그에게는 가이사 앞에서 증언해야 하는 사명이 있다. 이 때문에 폭풍과 난파의 위기도 극복하고 여기까지 왔다. 바울은 독사에 물린 이 위기도 잘 이겨낼 것이다. 문제는 바울이 위기를 이겨냈을 때 보일 원주민들의 반응이다. 독자들의 관심은 오히려 여기에 맞추어져 있다. 누가도 이 장면에서는 서술의 시선을 원주민이 바라보는 눈으로 바꾸어 놓고 있다. 원주민들의 말과 판단을 직접 화법 형태로 그들의 입을 통해서 그대로 전달한다. "이 사람은 틀림없이 살인자다. 바다에서는 살아나왔지만, 정의의 여신이 그를 그대로 살려 두지 않는다"(행 28:4). 그러나 바울은 마치 아무 일 없었다는 듯이 뱀을 불 속에 떨어뜨려 버렸고 그는 아무런 해도 입지 않았다(행 28:5). 누가는 이 모습을 다시 원주민들의 시선으로 처리하고 있다. "그들은 그가 살이 부어오르거나, 당장 쓰러져 죽으려니 하고 생각하면서 기다렸다. 그런데 오랫동안 기다려도 그에게 아무런 이상이 생기지 않자"(행 28:6). 그들은 바울이 죽지 않자 자신들의 생각을 완전히 바꾸었다. 살인자란 판단을 바꾸어 바울을 신이라 부른다. 누구의 중재도 없이 자기들 스스로의 판단으로 바울을 신과 같은 능력의 종으로 인정한 것이다.

바울의 거침없이 담대하게

물론 바울은 신이 아니다. 그것은 원주민들의 오해일 뿐이다. 바울이 이에 대해서 적극적으로 반발하는 모습을 보이지 않고 있지만, 이미 루스드라에서 바울을 헤르메스 신으로 신격화하려던 기도에 대해서 완강히 저항하던 모습(행 14:8-18)을 기억하고 있는 독자들은 저자가 그를 신격화하고 있다고 오해하지 않는다. 바울은 이어서 그 지역의 추장인 보블리오 아버지의 열병과 이질을 고쳐주고 그 섬의 다른 병자들을 고치는 기적을 행한다. 이 결과 섬 원주민들이 바울 일행을 '극진한 예'로 대접했고, 그곳에서 겨울을 여유 있게 날 수 있었다.

우리는 그렇게 로마에 도착했다

멜리데 섬에서 겨울을 난 바울 일행은 석 달 후 항해가 안전해지자 다시 로마를 향해서 출발했다. 이번에 승선했던 배도 역시 알렉산드리아 호였다(행 28:11). 곡물선인 알렉산드리아 호 또한 이곳에서 겨울을 보냈던 듯하다. 특이한 것은 그 배의 머리에 '디오스구로'라는 장식이 새겨져 있다는 누가의 설명이다. 누가가 실제적인 사실을 묘사하고 있다고 볼 수도 있지만 디오스구로는 제우스의 쌍둥이 아들로 진실의 수호신이요 위증자에 대한 처벌의 신이다. 고대인들은 멜리데 원주민들의 경우에서처럼 바다에서 죽거나 난파되는 것을 신의 심판으로 간주하곤 했다. 누가는 이런 뱃머리 장식을 통해서 바다의 위험에서도

로마로 가는 길, 아피아 가도 ⓒ Kleuske

구원받은 바울의 무죄성을 은 근히 주장하고 있다 볼 수 있다. 그렇다고 해서 누가가 로마의 다신론을 인정한다는 의미는 아니다. 누가는 철저히 하나님 중심적인 가치 기준을 가지고 있다. 다만 당시 고대인들의 사고방식을 이용하여 다양하게 바울과 그가 전하는 복음의 능력과 합법성을 드러내고 있다는 점이다.

멜리데에서 로마로 향하는 항해는 매우 순탄하였다. 먼저 수라구사 섬에 도착하여 삼 일을 보낸 후 이탈리아 반도 남단에 위치한 레기온에 이른다. 레기온에서 이탈리아의 중심부인 보디올까지는 바람의 방해가 없고 오히려 남풍의 도움을 입어(행 28:13) 이틀 만에 도착하게 된다. 레기온에서 보디올의 거리는 약 350킬로미터이다. 평균 시속 약 9킬로미터의 빠른 속도로 항해한 셈이다. 바울은 보디올에서 그리스도인들을 만나 일주일을 머문다. 이미 로마 전역은 복음의 물결로 가득하다. 오랜 항해의 여독을 이곳에서 푼 후 바울은 아마 북쪽으로 올라가 카푸아란 곳에서 로마로 향하는 아피아 가도(via Appia)를 탔을 가

바울의 거침없이 담대하게

능성이 높다. 도로를 만드는 로마인들의 기술력과 공력은 대단해서 지금도 로마 시대의 도로의 흔적들을 어렵지 않게 발견할 수 있다. 위대한 복음전도자 바울은 로마인들이 깔아놓은 도로 위를 오가며 복음을 전했고 지금은 죄수의 몸으로 로마를 향하여 가고 있는 것이다. 그러나 누가가 그리고 있는 바울과 그 일행의 로마 입성은 마치 로마 제국 개선장군의 모습과도 같다. 로마에 있던 '형제들'이 로마에서 65킬로미터 떨어진 아피온 광장과 50킬로미터 떨어진 트레스 마을까지 나와 바울과 '우리' 일행을 영접한다(행 28:15). 이때에 사용된 '영접한다(아판테시스)'는 고대 사회에서 장군이나 유력자들이 도시를 방문할 때 성 밖 멀리까지 나가서 맞는 것을 지칭하는 용어다.

위더링턴(B. Witherington III)은 이 구절을 다음과 같이 주석한다. "바울은 여기서 약간은 고위인사처럼 묘사된다. 그의 '현현(epiphany)'은 중요한 사건으로 보여지는데 영접위원회가 바울을 도시 밖에서 만나 그와 함께 그 도시로 돌아온다." 바울이 "하나님께 감사했다"(행 28:15)는 말이나 "이와 같이 우리는 로마에 갔다"(행 28:14)는 서술은 여행의 대장정을 마무리하는 표현이다. 누가는 "우리는 그렇게 로마에 도착했다(And so we came to Rome)"는 말로 바울과 그 일행의 로마 입성의 감격을 보여 준다. 만약 사도행전을 읽고 있는 독자들이 로마 교회 공동체의 신도들이었다면 그들은 자신들에게 전해진 복음의 전파라는 선교 대서사시의 최종 피날레를 목격하는 것과 같다 할 것이다.

12

바울의 마지막

땅 끝까지

사도행전은 1장 8절의 "오직 성령이 너희에게 임하시면 너희가 권능을 받고 예루살렘과 온 유대와 사마리아와 땅 끝까지 이르러 내 증인이 되리라"는 예수의 명령에 따라 지리적 도식으로 전개된다. 예루살렘과(행 1:1~8:3), 온 유대와 사마리아와(행 8:4~12:24), 땅 끝까지(행 12:25~28:31)다. 땅 끝은 바울의 1차 소아시아 선교(행 13:1~15:35), 2차 그리스 선교(행 15:36~18:22), 3차 에베소 중심 선교(행 18:23~20:2)로 점점 확대되어 가고, 예루살렘으로 가는 길과 재판(행 20:3~26:32) 그리고 로마 여행과 선교(행 27:1~28:31)로 마무리된다.

땅 끝은 지금도 확장되어 가고 있는 선교 영역으로도 볼 수 있지만 사도행전을 완결된 구조로 본다면 사도행전의 땅 끝은 로마다. 그래서 바울이 로마에 도착해서 복음을 전하는 것으로 마무리된다. 바울은 안디옥에서 선교하던 중 "주께서 이같이 우리에게 명하시되 내가 너를 이방의 빛으로 삼아 너로 땅 끝까지 구원하게 하리라 하셨느니라"(행 13:47)며 자신의 사명이 땅 끝까지 이르러 복음을 전하는 것임을 밝혔다. 바울은 후에 에베소에서 "바울이 마게도냐와 아가야를 거쳐 예루살렘에 가기로 작정하여 이르되 내가 거기 갔다가 후에 로마도 보아야 하리라"(행 19:21)는 계획을 밝히기도 하였다. 바울의 마지막 선교지가 로마가 되었다는 점에서 로마는 바울에게도 땅 끝이었다. 사도행전의 도식대로 본다면 복음은 예루살렘 원 교회를 떠나 새로운 중심지인 로마로 옮겨가는 모양새를 취하고 있다. 더욱이 AD 70년에 유대 독립전쟁으로 말미암아 예루살렘이 파괴된 후에는 그 중심이 이방 교회로 넘어갔고, 고대와 중세를 거치면서는 로마가 완전히 새로운 중심이 되었다. 누가가 본 바울은 복음의 중심지를 옮긴 신앙의 영웅이었다. 누가가 판단하기에 로마 그리스도교 공동체의 정신적 유산은 바울에게서 비롯되고 있다.

트롯타(F. Trotta)라는 학자는 고대 세계에서 식민지 건설 과정에서 여섯 개의 전통적 모티프가 발견된다고 분석한 바 있다. 첫째, 흔히 두 세력 간의 긴장 관계에 의해서 떠나야 할 이유가 발생한다. 둘째, 새로운 식민지를 이끌 지도자가 등장하는데 그 지도자는 본국과 좋은 관계를 유지한다. 셋째, 여행의 출발은 예언이나 신탁 등 신의 뜻이 중요하게 작용을 한다. 넷째, 출발을 위한 준비 단계가 있다. 다섯째, 긴 방랑과 역경으로 이어지는 여행이 있다. 여섯째, 목적지에 도착하고 정착하는 과정에서 원주민들과 투쟁이 있다.

사도행전에서 그리고 있는 바울의 모습이 이런 유형에 잘 맞고 있다. 첫째, 예루살렘은 율법주의자들의 본산지로 바울과 갈등을 일으킨다. 예루살렘에서 바울의 체포와 재판은 그것을 잘 보여 준다. 둘째, 이방인 선교를 이끌어 가는 인물은 바울이고, 바울은 율법과 전통에 충실한 인물로 그려진다. 또한 그는 예루살렘 교회의 지도를 충실히 따른다. 셋째, 바울의 이방인 선교나 로마로 가는 과정은 모두 하나님의 뜻과 계획에 의하여 이루어졌다. 넷째, 바울은 선교 과정에서 많은 고난을 겪었으며 특히 로마로 항해하는 과정에서는 심한 난파를 경험한다. 다섯째, 바울은 이방인 선교하는 곳곳에서 유대인들과 갈등을 빚었다. 이는 로마에 도착해서도 마찬가지였다. 바울은 유대인들과 투쟁했으며 이방인들을 대상으로 담대히 복음을 전한다. 바울은 로마서에서 "지나가는 길에"(롬 15:24) 로마를 방문하려는 계획을 밝혔지만 로마는 그 인생의 최종 목적지이자 종착지가 되었다. 이것이 하나님의 뜻이었다.

바울의 거침없이 담대하게

로마 선교

바울이 로마에 도착했지만 모든 것은 처음부터 다시 시작해야 하는 것처럼 보인다. 바울을 아피온 광장과 트레스 마을까지 나와서 환영했던 신도들은 사라졌다. 바울의 로마서에서 마무리 인사로 이름을 거론하며 안부를 물었던 26명의 성도들과 네 개의 가정교회(롬 16:3-16)도 등장하지 않는다. 대신 거부하는 유대인들이 등장하고 그래서 이방인들에게로 가겠다고 바울이 결심하는 장면이 다시 등장한다. 바울은 마치 로마에 처음 복음을 전하는 사람 같다. 당시 로마 인구는 100만 명 정도로 추산하는데 그중 4만에서 6만 명이 유대인이었다고 한다. 전 지역이 모두 복음화되지 않았고 그리스도교 공동체는 소수에 지나지 않아서였던가? 바울은 외로운 싸움을 다시 시작한다.

　로마에 도착한 바울은 군인 한 명만이 지키는 비교적 자유로운 상태였다. 직접 회당을 방문할 수 없었던 바울은 사흘 후에 유대인들 중 높은 사람들을 청한다. 바울은 그 지도자들에게 자신이 로마에 죄수의 몸으로 오게 된 까닭을 설명한다. 이스라엘 백성이나 조상의 관습을 배척한 일이 없고, 또 로마인들은 자기에게서 죄를 찾지 못해 석방하려 했으나, 유대인들이 자기를 고발하고 반대하여 부득이 가이사에게 항소하여 여기까지 오게 되었다고 밝힌다. 그런데 이 유대인 지도자들은 바울에 대한 소식을 듣지 못했으며 예루살렘에서 파송되어 온 사람도 없었다고 말한다. 아직 예루살렘 측에서는 본격적인 항소를 준비하지 않았던 듯하다. 그뿐만 아니라 그들은 그리스도의 복음에 대해서 듣지 못했던 것처럼 말한다. 단지 그리스도교가 어디서든지 반대를 받는다는 풍문만 알고 있었다.

이제 바울의 셋집이 부흥회 장소가 되었다. 많은 사람들이 바울의 셋집을 방문했고 그들을 대상으로 아침부터 저녁까지 하나님 나라에 대해서 강론하고 예수 그리스도를 증거했다. 그런데 다른 곳에서 복음을 전할 때와 마찬가지로 그 말을 일부는 믿고 일부는 믿지 않는 일이 발생했다. 바울은 사도행전에서 세번째이자(행 13:46, 18:6) 최종적으로 유대인들의 완악함을 비판하고 구원이 이방인을 향하게 될 것이라고 선언한다(행 28:25-28). 우리는 이를 통해서 유대인들에게 복음을 전하고자 하는 바울의 끈질긴 노력과 함께 결국 이들의 완악함으로 인해 하나님의 말씀이 이방인에게로 향하게 된 것을 다시 한 번 확인한다. 바울은 이방인 선교가 하나님의 뜻이었음을 이사야 선지자의 예언을 통해서 최종 확인한다.

사도행전의 마지막은 바울이 2년 동안 자기 셋집에 머물면서 하나님 나라를 전파하며 주 예수 그리스도에 관한 모든 것을 담대하게 거침없이 가르쳤다는 보도로 마무리된다. 한글 성경에서 '담대하게'로 번역된 헬라어 '팔레시아'는 누가가 즐겨 사용하는 단어다(행 2:29, 4:13, 29, 31, 9:27, 28, 13:46, 14:3, 18:26, 19:8, 26:26, 28:31). 어떤 위력

　　　　　　　　　　바울의 거침없이 담대하게

이나 위험이나 권세 앞에서도 두려움 없이 복음을 전하는 사도들의 담대함과 자유함을 표현할 때 이 '팔레시아' 라는 단어를 사용한다. 담대하게 거침없이 복음을 전하는 바울의 이 마지막은 복음의 승리자의 모습이다. 동시에 바울은 여전히 죽지 않고 복음을 전하고 있는 자처럼 보인다. 바울의 죽음에 대해서 잘 알고 있었던 누가가 바울의 죽음으로 사도행전을 끝내지 않는 이유가 여기에 있다. 복음은 계속 전해져야 한다. 사도행전에서 베드로와 바울이 등장하는 이유는 그들이 위대해서가 아니다. 그들이 전한 복음이 위대해서다. "하나님의 은혜의 복음을 증언하는 일을 마치려 함에는 나의 생명조차 조금도 귀한 것으로 여기지 아니하노라"(행 20:24)고 했던 바울의 고백처럼 바울은 복음의 도구였을 뿐이다. 누가는 그의 독자들이 바울의 죽음에 주목하기보다는 바울의 복음에 주목하기를 원했던 것이다.

바울의 죽음

그렇다면 바울은 언제 어떻게 죽음을 맞았을까? 누가가 이것을 드러내지 않으니 우리는 궁금할 수밖에 없다. 바울의 로마에서 2년 또는 그 이후에 대해서 학자들이 많은 추론들을 하였다. 하르낙(Adolf von Harnack)은 누가가 사도행전을 기록한 시점에서는 바울의 재판이 아직 끝나지 않았기 때문에 바울의 죽음을 보도할 수 없었다고 주장한다. 이런 주장은 사도행전이 누가복음보다 이후에 씌어졌고, 누가복음의 기록 시점이 AD 80년대 이후로 추정되면서 부정되었다. 보수적인 학자들은 바울이 2년간의 연금 생활 후 무죄 방면되거나 고소가 기각되면서 석방되었을 것이라고 추정한다. 그리고 그의 소망대로 서바나를 방문했을 것이라고 본다. 그 이후 바울의 활동을 목회서신과 연결하려는 시도를 계속한다. 서바나를 거쳐 바울은 다시 크레타를 방문하여 이곳에 디도를 떨어뜨려둔다(딛 1:5). 에베소를 방문한 바울은 디모데를 이곳의 지도자로 세운다(딤전 1:3). 마게도냐 지역을 방문하면서 디모데전서와 디도서를 썼고, 후에 로마에 2차 투옥되어 마지막으로 디모데후서를 썼다. 그리고 네로 황제가 로마 대화재로 그리스도인들을 박해할 때 베드로와 더불어 순교했다는 가설을 편다. 이렇게 보면 바울의 순교 연대는 로마에 대화재가 났던 AD 64년 어간이 될 것이다.

그러나 이 이론에 대한 결정적인 반박은 누가 자신으로부터 나온다. 누가가 바울의 죽음에 대해서 침묵하고 있다는 사실이다. 누가는 누차에 걸쳐서 바울의 무죄를 증명하는 주장을 폈다. 사도행전 21장에서 26장까지 바울과 관련된 공식 재판이 다섯 차례나 열렸다. 만약 바울이 가이사 황제 앞에서 무죄 선고를 받았거나 바울에 대한 고소가 기각되었다면 그것처럼 누가에게 결정적인 증언은 없었을 것이다. 그렇다면 누가는 그 재판 내용을 반드시 다루었을 것이다. 누가가 침

바울의 거침없이 담대하게

묵하고 있다는 사실은 바울의 재판 결과가 좋지 않았을 가능성을 시사한다. 바울은 아마도 로마에서 2년여의 지연된 재판 끝에 제국을 소란케 한 죄로 사형 판결에 처해졌을 것이다. 그렇다면 그 순교 연대는 AD 60년 어간이 될 것이다. 바울의 죽음은 이미 누가에 의해서 예고되어 있었다. 그것은 예루살렘을 향하는 길에 집중적으로 드러나고 있다. 밀레도 선교에서 바울은 "이제는 여러분이 다 내 얼굴을 다시 보지 못할 줄 아노라"(행 20:25)고 예고했고, 에베소 장로들은 "다 크게 울며 바울의 목을 안고 입을 맞추고 다시 그 얼굴을 보지 못하리라 한 말을 말미암아 더욱 근심하고 배에까지 그를 전송"(행 20:37-38)했다. 가이사랴에서는 "여러분이 어찌하여 울어 내 마음을 상하게 하느냐 나는 주 예수의 이름을 위하여 결박당할 뿐 아니라 예루살렘에서 죽을 것도 각오하였노라"(행 21:13)며 죽음의 그림자를 강하게 드리우

포로 로마노(고대 로마 광장). 바울은 로마 시대 재판이 주로 이루어지던 바실리카 줄리아 법정(사진 중앙 작은 기둥들)에서 가이사 앞에 섰을 것이다.

고 있다. 바울은 바다에서 난파하던 중 하나님의 사자가 예고했던 대로 '가이사 앞에'(행 27:24) 섰을 것이지만 그 결과는 좋지 않았을 것이다. 무죄 선언을 받는 것과 무죄를 주장하는 것은 다르다. 누가는 바울의 무죄를 여러 곳에서 주장했고, 여러 번에 걸쳐 무죄를 주장하는 것은 역설적으로 바울의 재판 결과가 좋지 않았기 때문일 것이다.

누가가 바울의 죽음에 대해서 침묵하는 이유에 대해서 로마 당국에 기독교가 위험하지 않은 종교임을 보이게 하려는 목적에서였다는 주장도 있다. 그것도 중요한 이유일 수 있지만 그렇게만 본다면 그것은 누가를 너무 소극적으로 해석하는 것이다. 그것보다 더 중요한 이유는 누가가 바울을 영원한 선교사로 그리길 원했다는 것이다. 누가는 사도행전 초반부의 주인공이었던 위대한 사도 베드로의 퇴장도 별말없이 처리하였다. 바울 대사도 또한 예루살렘의 권위에 복종하는 인물로 그리고 있다. 바울의 마지막도 그러하다. 누가는 베드로나 바울의 전기를 쓰려고 한 것이 아니다. 누가는 복음과 복음의 전파에 더 관심이 있었고 이 두 영웅은 이를 위해 탁월하게 쓰임을 받았기 때문에 언급한 것에 불과하다.

우리가 그릴 수 있는 바울의 마지막 모습은 디모데후서에서 찾을 수 있다. "전제와 같이 내가 벌써 부어지고 나의 떠날 시각이 가까웠도다 나는 선한 싸움을 싸우고 나의 달려갈 길을 마치고 믿음을 지켰으니 이제 후로는 나를 위하여 의의 면류관이 예비되었으므로 주 곧 의로우신 재판장이 그 날에 내게 주실 것이니 내게만 아니라 주의 나타나심을 사모하는 모든 자에게도니라"(딤후 4:6-8). 이 글에서는 마지막을 앞둔 바울의 마음은 읽을 수 있으나 죽음에 이르게 한 자세한 상황은 알 수 없다. 바울이 네로 치하에서 순교했다는 것은 확실하지만 로마에 도착한 이후 마지막 몇 년 동안의 삶은 어둠에 묻혀 있다.

바울의 마지막과 관련된 기록으로 사도행전과 가장 가까운 기록으로는 로마의 클레멘트(Clement of Rome)가 AD 95년경에 쓴 고린도 교회에 보낸 서신이 있다. 클레멘트는 다음과 같이 기록하고 있다. "훌륭한 사도들에게 눈을 돌려 보자. 베드로는 올바르지 못한 시기로 인해 한두 번도 아니고 수없이 고초를 겪었고, 시기로 말미암은 증거 때문에 자기에게 할당된 영광의 자리로 길을 떠났다. 바울은 시기와 쟁투로 인한 인내의 상이 무엇이라는 것을 보여 주었다. 그는 일곱 번 갇혔고, 유형에 처해졌으며, 돌로 맞았고, 동쪽과 서쪽에서 포교자였으며, 자기 신앙의 고상한 명성을 얻었고, 서쪽의 끝에 이르기까지 온 세상에 의를 가르쳤으며 관원들 앞에서 복음을 증거하다가 이 세상을 떠나 거룩한 곳으로 들려갔다"(1 Clement 5:4-7).

바울을 죽음으로 몰아 간 원인 중 하나로 시기와 쟁투를 들고 있다. 여기서 시기는 유대인들의 시기도 될 수 있고 교회 내의 시기도 가능성이 있다. 우리가 앞에서 살펴보았던 대로 초대교회 내에도 분열과 갈등이 있었음을 잘 알고 있기 때문이다. 특이한 점 하나는 바울이 서

바울의 처형 장면 조각도.
로마 트레 폰타네 성당

쪽의 끝까지 복음을 전했다는 것이다. 서쪽 끝은 로마의 서쪽 끝인 서바나를 의미할 수도 있지만, 이 '끝'은 '목적지'로도 해석할 수 있어 서쪽 끝은 로마를 가리킬 수도 있다. 실제 바울은 로마가 서바나로 가기 위한 지나는 길목이 아니라 최종 목적지가 되어 최후를 마쳤다.

바울의 최후의 모습은 여러 전설과 전승이 혼합되어 그려진다. 그는 로마 시민이었기에 십자가형이 아니라 참수형으로 죽임을 당했다고 한다. 오스티안 가도(the Ostian way) 상에 위치한 트레 폰타네(Tre Fontane)가 바울이 참수당한 곳으로 추정되며 이곳에 지금은 바울을 기념하는 성당이 세워져 있다. 바울은 대리석 기둥에 목을 고정당한 채 참수를 당했다고 하는데 잘린 머리가 세 번 튄 곳마다 분수가 솟았다고 한다. 그래서 이곳 지명도 '세 개의 샘'을 의미하는 '트레 폰타네'가 되었다.

바울의 거침없이 담대하게

글을 닫으며

바울의 이야기를 하고 있지만 그 뒤에는 누가가 서 있다. 구슬처럼 흩어졌던 바울의 자취들을 모아 하나의 이야기로 만들어낸 것은 누가의 공로였다. 누가를 통해서 바울은 전기라는 양식으로 구성할 수 있는 살아 있는 인물로 재탄생하였다.

누가가 그려낸 바울은 율법에 충실하며 예루살렘 모교회의 권위와 질서를 인정하고 따르는 열정적인 예수의 증인이다. 이는 바울 서신서에서 발견되는 반율법적이고 도무지 예루살렘 사도들의 권위를 인정하지 않는 역사적 바울의 모습과는 좀 다르다. 그런 점에서 누가가 그려낸 바울은 새롭게 재조명되고 재해석된 바울이라 할 수 있다. 바울이 반율법적인 것처럼 보였던 이유는 민족 간 차별 없이 오직 예수 그리스도에 대한 믿음으로 말미암아 구원을 얻는다는 복음의 진리를 전했기 때문이다. 율법이 복음의 온전성을 파괴하려 할 때 바울은 거칠게 싸웠다. 심지어 예루살렘의 유명하다는 사도들이라 할지라도 그 권위 때문에 결코 복음의 진리에서는 양보하지 않았다. 이런 이유 때문에 바울은 반율법적이요 예루살렘의 권위에 도전하는 자처럼 보였다.

그러나 복음의 진리만 훼손하지 않는다면 바울에게는 율법은 더이상 무용하거나 악한 것이 아니었다. 오히려 복음이 오기 전 이스라엘을 하나님의 언약 안에 있게 했고, 이제는 유치원 교사처럼 사람들을 그리스도에게로 이끄는 선한 도구가 율법이다. 예루살렘의 권위에 대한 인정도 바울이 로마로 가기 전 헌금을 모아서 예루살렘을 방문하는 데서도 잘 드러난다. 유대 민족에 대한 바울의 사랑은 지극해서 자기가 그리스도에게서 끊어질지라도 그들의 구원을 원한다(롬 9:3)고까지 하였다. 누가가 그린 바울은 투쟁적인 모습이 아니라 이처럼 순화되고 교회 화합적인 모습이다. 인간은 양면성이 있다. 유대라는 민족적 경계를 넘어 이방인 사회로 향해야 했던 AD 4, 50년대의 상황이 바울을 극단적인 인물로 부각시켰다. 반면에 누가가 사도행전을 기록하던 AD 80년대 이후 이방 중심의 그리스도교는 그런 폭풍기가 지난 후 바울을 차분히 되돌아 볼 수 있는 기회를 가졌다. 그 결과 그동안 간과되었던 바울의 통합적인 모습을 재발굴하게 되었고 그것이 누가의 필력으로 살아난 것이다.

위대한 인물들은 시간이 흐른 뒤에 미처 못 보았던 면이 재발견되기도 한다. 한 인물은 자기 고백적인 일기로만 평가될 수 있는 것이 아니다. 역사적 상황과 사회적 관계라는 얼개에서 한 인물의 의미나 위치는 새롭게 규정된다. 누가는 교회사의 외톨이 같았던 인물을 예루살렘의 사도들과 어깨를 나란히 하는 반열에 놓았으며, 교회의 정통성을 그의 어깨 위에 올려놓았다.

누가가 이처럼 예루살렘의 맥을 잇는 정통성을 바울에게 부여하는 이유가 있다. 누가 시대의 교회가 그것을 요청했기 때문이다. 누가 시대의 그리스도교는 급속도로 이방인 중심의 교회로 재편되었다. 예루살렘 중심의 그리스도교는 AD 70년 유대 전쟁에서 예루살렘이 철저히 파괴됨으로써 사라졌다. 새로운 중심에 선 이방 그리스도 교회에는 자신들의 뿌리를 찾아야 할 필요성이 대두되었다. 이는 랍비적 유대교로 재편되고 있던 유대교와 경쟁을 벌이기 위해서도 필요했다. 또한 초기 그리스도 교회의 선교 열정이 사라져가며, 제도적 교회가 성령의 활발한 역사를 대체해 가던 누가 시대의 교회에 다시금 활력을 불어넣고 선명한 비전을 제시해야 할 필요성도 있었다. 누가는 이방인 선교의 영웅이었던 바울을 전면에 내세움으로써 이 목적을 달성하고 있다.

당시 고대 로마에서 사도행전과 같은 문제의식을 가지고 집필되었던 책으로 베르길리우스의 《아이네이스 Aeneid》를 들 수 있다. 《아이네이스》는 BC 29–19년에 아우구스투스의 초기 집권기의 희망이 넘치던 시기에 만들어졌다. 로마는 시저를 거쳐 아우구스투스가 집권하기까지 오랜 내전에 시달렸다. 이제는 그 갈등을 치유하고 대로마 제국 건설에 매진해야 할 필요성이 대두되었다. 베르길리우스는 고대 문명 트로이에 그 기원을 두고 있으며, 신들에 의해 축복받고 그 영원한 운명이 결정되었던 로마의 건국 과정을 영웅 아이네아스를 주인공으로 한 서사시(epic)로 그려냄으로써 이 목적을 달성하였다. 비록 사도행전은 역사서라는 점에서 서로 문학적 장르는 다르지만 정통성의 확보와 비전의 제시라는 점에서는 일치하고 있다 할 것이다.

누가는 자신의 시대에 제도화되어 가는 교회를 깨우기 위해서 다시 한 번 땅 끝을 향하여 나아가야 할 선교의 비전을 고취하였다. 바울은 선교의 영웅이다. 1차에서 3차에 이르는 바울의 선교 여행과 로마로 향한 모든 여행이 이런 선교의 열정 가운데서 진행되었다. 누가는 바울의 마지막을 순교라는 죽음으로 끝내지 않고 자기 셋집에서 거침없이 담대하게 하나님 나라를 전파하는 모습으로 마무리하고 있다. 마치 바울은 죽지 않고 살아서 선교를 계속하고 있는 것 같다. 이 사명은 이제 누가의 글을 읽고 있는 독자들에게 넘겨지고 있다. 그런 점에서 사도행전은 28장으로 끝나지 않는다. 바울의 뒤를 이어서 새로운 땅 끝을 향하여 나아가는 예수의 증인들의 행진인 사도행전 29장을 남겨놓고 있다 할 것이다.

바울의 거침없이 담대하게